SUPERSBERGER . WAHRNEHMUNGEN

Franz Supersberger ist ein Beobachter mit scharfem Blick und der Fähigkeit, das Wesentliche zu kurzen Texten zu verdichten. Seine Studien stehen für einen größeren, jeden Einzelnen betreffenden Umbruch. Er hat es sich zur Aufgabe gemacht, mehrmals die Woche eine kleine Studie zu verfassen, und teilt dies per Weblog „schlagloch" einer stetig wachsenden Internetgemeinde mit. Einige „Schlaglöcher" hat er materialisiert und zu Büchern gemacht. Die Beobachtungen (2011), Bruchstellen (2015).

Die Texte in diesem Buch, erweitert und überarbeitet, stammen aus dem Weblog www.schlagloch.at. Der Blog ist seit dem Jahre 2003 im Netz und wird vom Autor laufend aktualisiert.

Franz Supersberger wurde in Ferndorf geboren und hat als Jugendlicher mit dem Schreiben begonnen. Nach der Ausbildung zum Buchhändler war er selbstständiger Kaufmann in Arnoldstein. Heute lebt er als Buchhändler in Muse in Villach. Sein literarisches Schaffen wurde im Hörfunk und in Literaturzeitschriften sowie in mehreren Büchern veröffentlicht. Er ist Autor des Blogs www.schlagloch.at. Der Blog wird vom Deutschen Literaturarchiv Marbach langzeitarchiviert.

Franz Supersberger

Wahrnehmungen beim Überqueren der Straße

Aufzeichnungen

© 2018 Franz Supersberger

Lektorat: Mag. Barbara Raunig

Verlag und Druck: tredition GmbH, Hamburg

ISBN Taschenbuch: 978-3-7469-2374-1
ISBN Hardcover: 978-3-7469-2375-8
ISBN e-Book: 978-3-7469-2376-5

Bibliografische Information der Deutschen Nationalbibliothek:
Die Deutsche Nationalbibliothek verzeichnet diese Publikation in der Deutschen Nationalbibliografie; detaillierte bibliografische Daten sind im Internet über http://dnb.d-nb.de abrufbar.

Jänner

Ich stelle eine Hypothese auf: Eine größere Gruppe von Menschen wäre auf einem Eiland vom Rest der Zivilisation isoliert. Sie bekommen ein Angebot von *außen* und können die Art der Unterstützung, welche sie zuerst in Anspruch nehmen wollen, wählen: Lebensmittel, Bekleidung oder Waffen. Ich vermute, der Großteil würde Waffen verlangen, mit dem Hintergedanken, damit die anderen zu beherrschen. Solche Entscheidungen gegen das Menschliche haben wir in den unabhängigen Staaten in Afrika und in Osteuropa erlebt. Die Bevölkerung lebt teilweise unter erbärmlichen Zuständen, kaum ausreichend zu essen, große Mängel bei der Gesundheitsversorgung, aber für Waffenkäufe und das Militär ist genug Geld vorhanden. Der stärkste menschliche Trieb ist nicht die Suche nach Nahrung, sondern die Aussicht, andere zu beherrschen. Es wäre sinnvoll, in kleinen Schritten die Bevölkerung eines Kontinents zusammenzuführen, und dann in größeren Einheiten von Kontinent zu Kontinent. Von Osten nach Westen, von Süden nach Norden. Die globale Krisenstrategie der Diplomaten verläuft meistens im Sand. Bei der Möglichkeit, mit dem Flugzeug innerhalb von vierundzwanzig Stunden jeden Punkt der Erde zu erreichen, ist den Außenministern wahrscheinlich nicht bewusst, dass sie zehnttausende Kilometer von ihrem Heimatstaat entfernt sind. Sie erleben ihre Reisen wahrscheinlich so, als sind sie zu Besuch bei einem Freund, der fünf Straßen weiter wohnt. So wird man heute durch die Unterstützung der Technik irregeleitet. Die Spannungen zwischen den Staaten auf den fünf Kontinenten sind zu vielfältig, als dass man sie ad hoc durch eine Kurzvisite lösen kann. Aus meiner Sicht bin ich dankbar, hier im Westen leben zu können, ein *abgesichertes* Leben zu führen, von Krieg und größeren Schicksalsschlägen verschont zu sein. Dazu tut sich bei mir die Frage auf, nicht biologisch gemeint, wem ich es zu verdanken habe, dass ich hier in den Wohlstand hineingeboren wurde? Warum wird jemand anderer in einer Dürreregion, in einem Slum geboren und Unschuldige in Kriegswirren hineingezogen? Wer trägt dafür die Verantwortung? Mit diesen Gedanken stelle ich dem neuen Jahr eine Frage.

Produkte in einwandfreier Qualität bezeichnet man zumeist als erste Wahl. Gibt es kleine Mängel, welche zumeist nur für den Fachmann erkenntlich sind, dann bezeichnet man diese Produkte als zweite Wahl. Diese Waren findet man heute in den Outlet-Shops, welche gerne in der Nähe von Grenzübergängen errichtet werden. In den siebziger Jahren, als es in Europa noch eine florierende Textil- und Schuhindustrie gab, befand sich fast auf jedem Fabrikgelände ein Verkaufsstore. Dort wurden Artikel zweiter Wahl verkauft, der Fabrikverkauf. In einer Schuhfabrik arbeitete ich als Absatzschrauber am Montageband. Am Ende des Fertigungsprozesses wurden die Schuhe poliert und auf eventuelle Mängel kontrolliert. Gab es einen Fehler auf der Lederoberfläche, war die

Sohle etwas verrutscht oder konnte man eine aufgeraute Stelle beim Leisten erkennen, dann wurden diese Schuhe aussortiert. Die hochwertigen Gabor-Damenschuhe wurden im Fabrikshop zum halben Preis verkauft. Dort deckten sich vor allem die Mitarbeiterinnen, für sich und ihre Familienangehörigen, mit modischen Schuhen ein. Auf den Tragekomfort und die Haltbarkeit der Schuhe hatten die kleinen Mängel keinerlei Einfluss. Für einen Laien waren die Fehler selbst bei genauem Hinschauen nicht erkennbar. Anders für den Betriebsleiter der Damenschuhfabrik. Er hatte den sprichwörtlichen *Adlerblick*. Bei seinem Erscheinen in der Fertigungshalle richteten alle Beschäftigten den Blick krampfhaft auf die Schuhe am Fließband. Wie ein Adler stürzte er sich aus großer Entfernung auf die Schuhe am Montageband, hob einen empor und reklamierte beim Bodenmeister. Dieser deutete dem Bandmeister, dass er zu ihm kommen soll. War der Bodenmeister über den Fehler außer sich, warf er den Schuh dem Bandmeister auch schon einmal über die Köpfe hinweg zu. Der Bandmeister baute sich vor dem Damenschuhfacharbeiter auf und stellte diesen zur Rede. Die erste Reaktion war, dass dieser den Makel auf einen Fehler in der Stanzerei oder Näherei zurückführte. Da die Schuhe noch in der Fertigungsphase waren, konnten die Fehler zumeist behoben werden. Hatte der *Adler* die Fertigungshalle verlassen, entspannten sich die Schultern der Beschäftigten. Zeit für die Milchpause.

Derzeit werden wir *überschwemmt* mit Berichten von den Gräueltaten aus der Ukraine, dem Irak und Syrien. Es gibt schockierende Bilder von dem brutalen Vorgehen der IS-Kämpfer, die sich rühmen, alle, die sich ihrem Traum von einem islamischen Staat in den Weg stellen, zu vernichten. Zur Abschreckung werden demonstrativ Ausländer und Journalisten enthauptet und davon wird ein Video im Web gezeigt. In uns Mitteleuropäern *rumort* es, wir können nicht nachvollziehen, wie man gegenüber den Mitmenschen so brutal sein kann. Bei vielen verursacht es Kopfschütteln, dass sich diesen Kampfbrigaden junge Leute aus dem Westen freiwillig zuwenden. Bei uns versprechen die Politiker, dass die Jugend eine gute Ausbildung bekommt. Ein vorrangiges Ziel für das neue Jahr in den EU-Staaten ist, die Jugendarbeitslosigkeit zu senken. Faktum, auch gut ausgebildete Jugendliche finden keine Arbeit. Uniabsolventen bekommen nur Zeit-und Projektverträge. Wie soll es möglich sein, dass die Menschen länger im Arbeitsleben bleiben und gleichzeitig die nachrückenden Generationen eine Arbeitsstelle bekommen? In Mitteleuropa haben wir es mit einer schleichenden *Arbeitsplatzinflation* zu tun. Die arbeitsintensiven Produkte wurden schon vor Jahrzehnten nach Südostasien ausgelagert. Auch im Pflegedienst werden verstärkt ausländische Pflegerinnen eingesetzt. Die Autorin Agota Kristof beschreibt in *Das große Heft*, wie Zwillinge, die bei ihrer Großmutter in Pflege sind, sich abhärten, damit sie niemand demütigen kann. Zudem erschaffen sie ihre eigene Gerichtsbarkeit. Sie entscheiden, wer und was in ihrer Umgebung gut oder böse ist. Dabei zeigen die Zwillinge ein Herz für Benachteiligte, welche von den Dorfbewohnern gemieden werden. Durch ihre Selbstkasteiung haben sie vor niemandem und nichts Angst. Zu ihrer Weiterbildung lesen sie zwei Bücher, die Bibel und das Wörterbuch der *Besatzer*. Sie führen in dieser Krisenzeit einen Überlebenskampf, ob es um die Besorgung von Schreibzeug oder um ihr Essen geht. Sie werden gleichgültig gegenüber dem Tod. Den einen schicken sie in den Tod, dem anderen helfen sie beim Überleben. Die Zwillinge erzählen anderen nichts, sie behalten alles für sich und schreiben es in *Das große Heft*.

II

Im Seminar war bei der Buchbesprechung von *Das große Heft* die erste Frage der Teilnehmer: Können Kinder so grausam sein? Ist im Krieg – erleben Kinder nur Gewalt und Zerstörung – alles möglich? Für uns – *Sozialisierte* – war es ein Zuviel an Brutalität. Dabei verfügen wir gerade einmal über eine dünne Schicht von Humanität, wie sonst wären die Gräueltaten im ersten und zweiten Weltkrieg möglich gewesen? In Gruppen hatten die Seminarteilnehmer die Möglichkeit, ein Kapitel des Buches, nach freier Wahl, *umzuschreiben*. Eine Gruppe hat sich für das letzte Buchkapitel entschieden, wo der Vater nach vielen Jahren sich bei der Großmutter meldet, um die Zwillinge abzuholen. Die Kinder möchten lieber bei der Großmutter bleiben. Sie versichern dem Vater, dass sie genau wüssten, wo die Minen liegen, er braucht sich wegen der Flucht keine Sorgen zu machen. Sie wollen ihm bei der

Flucht über die feindlichen Linien behilflich sein. Zu dritt brechen sie zur Grenze auf, der Vater läuft los und die Kinder warten im sicheren Terrain. Der Vater wird von ihnen als *lebender Minenräumer* in die Grenzzone geschickt und alsdann von einer Mine in der Luft zerrissen. Erst dann flüchtet einer der Zwillinge über die Grenze, der andere kehrt zur Großmutter zurück. Die Kaltblütigkeit, wie die Zwillinge ihren Vater in den Tod schicken, war für viele unerträglich. Der *Umschreibung* fiel zuallererst die Version, dass der Vater von ihnen als *lebender Minenräumer* missbraucht wird und von einer Mine zerrissen wird, zum Opfer. Mehrere haben es so gesehen, dass sie zu dritt die Grenzwache überlisten und die andere Seite erreichen konnten. Man hat ausgeschlossen, dass selbst verrohte Kinder den eigenen Vater bewusst in den Tod schicken. Meine Gruppe hat jenes Kapitel *umgeschrieben*, wo eine verarmte Mutter mit einer behinderten Tochter, nach der Vergewaltigung durch die Eroberer, die Zwillinge auffordert, das Haus anzuzünden. Sie und ihre Tochter sollen darin verbrennen. Die Tochter ist bereits tot. Die Zwillinge machen die Frau darauf aufmerksam, dass Verbrennen ein schmerzhafter Tod ist. Sie wollen der Frau die Schmerzen ersparen und schneiden ihr hinterrücks die Kehle durch. Danach zünden sie das Haus an. Unsere Version war: Die behinderte Tochter wird von den Soldaten auf einem Lkw mitgenommen. Als die Zwillinge im Haus nachschauen, liegt die Mutter bereits tot in einer Ecke. Sie gehen raus und zünden das Haus aus. Die Zwillinge beteuern in ihrem Tagebuch, *Das große Heft*, nur die Wahrheit zu schreiben, *die reine Wahrheit*. Wir haben als

Leser die Wahrheit nicht vertragen. Um im Alltag die unfassbaren Dinge auf den Kriegsschauplätzen zu ertragen, brauchen wir eine Beschönigung der Wahrheit. Wer behauptet von sich: Ich bin die Wahrheit und das Leben?

Eine besondere Zufälligkeit gab es vor einem Jahr am 14. Februar: Der Samstag war zugleich der Valentinstag und der Faschingssamstag. Der große Narrenumzug am Faschingssamstag in Villach ist der Höhepunkt der närrischen Zeit in Kärnten. Somit trafen sich die Nächstenliebe und die Fröhlichkeit zu einem Tänzchen. Dieser Zufall hat viele entzückt. Der Valentinstag ist ein Schmeicheltag für die Politiker. Sie verteilen vor den Supermärkten und am Hauptplatz Blumen. Diesmal besonders großzügig, weil in Kärnten die Gemeinderatswahlen am 1. März vor der Tür standen. Stellte sich die Frau geschickt an, kam sie mit einem kleinen Blumenstrauß vom Einkaufen zurück. Am Wochenmarkt, am Hauptplatz und vor dem Rathaus wurden ihr Blumen geschenkt, je nach politischer Partei in einer anderen Farbe. In den Wochen davor gab es in Österreich eine Diskussion über den selbstbestimmten Todeszeitpunkt. In der Wiener Heurigenseligkeit ist der Gevatter Tod zugleich der liebe Augustin. Niemand kann es sich vorher aussuchen, dass er am Tag der Liebe und der Fröhlichkeit zu einer Beerdigung geht: Zum Begräbnis einer Mutter und, wie man heute meint, *so jung verstorben*, vor dem fünfzigsten Geburtstag. Sie war Anfang Februar vor der Kirche zusammengebrochen und trotz sofortiger Rettungskette, Operation und künstlichem Tiefschlaf, verstorben. „Mitten aus dem Leben gerissen", wie es der Pfarrer in seiner Abschiedspredigt formulierte. Wann sind wir mitten im Leben, mit Dreißig, mit Fünfzig oder mit Siebzig? Jeder fühlt sich in seiner Zeit mitten im Leben. In einem Filmbericht über den Sozialwohnbau der Fugger, in der Mitte des fünfzehnten Jahrhunderts, war auf einem Wohngebäude zu lesen: *Nütze die Zeit.*

Im österreichischen Gesundheitssystem gibt es eine spezielle Begünstigung: die Zuerkennung eines Kuraufenthaltes. Die Voraussetzung dafür ist, dass man über einen längeren Zeitraum körperliche Schmerzen oder Beschwerden hat. Die Beschwerden müssen kein ernstes gesundheitliches Problem darstellen. Sie könnten für die Betroffenen zu einem gesundheitlichen Risiko werden. Dazu zählen Verdauungs- und Atembeschwerden, Probleme mit dem Blutdruck oder den Venen, Schäden des Herzmuskels, neuerdings die Vermeidung und die Behandlung von Stresssituationen, Burnout. Ein großer Teil der Kuranträge wird wegen Beschwerden am Bewegungsapparat gestellt. Im fortgeschrittenen Alter leiden viele unter Augenbeschwerden und Spannungskopfschmerz. Die Ursache dafür könnte eine verspannte Nackenmuskulatur sein. Der Volksmund sagt es treffend: „Es ist ein Kreuz mit dem Kreuz, jeder hat sein Kreuz zu tragen." Dies weist daraufhin, dass wir viele Sorgen und Nöte im Rückenbereich abladen. Es gibt keinen Beruf, egal ob er stehend oder sitzend ausgeführt wird, der nicht Spuren im Rücken hinterlässt. In den Kurhäusern wird versucht, mit Unterwasser- und Trockengymnastik, Moorpackungen, Physiotherapie, Massagen und Elektrotherapien den Beschwerden zu Leibe zu rücken. Auf den Einsatz von aggressiven Medikamenten wird verzichtet. Mit Unterstützung von Homöopathie, Hypnose und Bachblütentherapie behandelt man den ganzen Menschen. Bei der Kneipptherapie setzt man auf die heilende Wirkung von Wasser, auf das ganz gewöhnliche Quellwasser. In Österreich gibt es zudem viele Heilbäder, mit Radon-, Schwefel- und Thermalquellen. Unbekannt war mir eine Therapie mit dem Namen *Oberwassermassage*. Die manuelle Rückenmassage und die Unterwassermassage waren mir bekannt. Bei der Unterwassermassage werden von einem Therapeuten mit einem Wasserschlauch verschiedene Körperstellen, ähnlich den Massagedüsen in den Hallenbädern, massiert. Bei der Oberwasser-massage liegt man auf der Gummiauflage von einem Wasserbett und wird von einem Wasserstrahl massiert. Der Körper bleibt trocken.

II

Einen anderen Schwerpunkt hat der Reha-Aufenthalt. Dabei versucht man, bei den Patienten nach einem Schlaganfall, einer Herzoperation, einer Hüfte- oder Knieoperation die körperliche Mobilität wiederherzustellen. Im besten Fall gelingt es, dass der Patient wieder voll arbeitsfähig wird. Bei diesen intensiveren Behandlungen verwendet man gerne die Einzeltherapie. Diese ist etwas kostenintensiver, erzielt aber auch bessere Erfolge. Den Erfolg eines Kuraufenthaltes in Worte zu kleiden, ist nicht einfach. Nicht für den Kurgast, aber auch nicht für die Kurärztin. Gerne bedient man sich dafür der Befindlichkeitsskala von null bis zehn. Zehn bedeutet weiterhin einen schmerzhaften Zustand. Die Kurärzte begnügen sich vielfach damit, dass sie bei der Abschlussuntersuchung nach dem Befindlichkeitsstatus fragen und ihn mit der Eingangsuntersuchung vergleichen. Wurde ich zu Hause nach meinem Kurerfolg gefragt, dann konnte ich mit einem Vergleich aufwarten. Mein persönlicher Kurerfolg zeigte sich darin, dass ich mich beim wöchentlichen Wohnungsputz – beim Staubsaugen und beim Bodenaufwischen – um vieles lockerer bewegte. Die Lebenspartnerin hat signalisiert, will ich in einigen Jahren meinen Kuraufenthalt wiederholen, dann bekomme ich von ihr den *Segen* dazu.

Jetzt, wo die Feiertage vorbei sind, wie man in der Umgangssprache Weihnachten und Silvester nennt, atmen viele alleinstehende Menschen auf. In weiten Kreisen der Bevölkerung haben diese Feiertage einen großen Symbolwert und werden im Familienkreis gefeiert. Dadurch wird den Alleinstehenden ihre Lage schmerzlich bewusst. Die Ursachen für das Alleinsein sind vielfältig. Die einen genügen sich selbst, kommen ohne Kontakte zu anderen Menschen aus. Sie sehen im Mitmenschen ein Ärgernis, für sie bedeuten soziale Kontakte einen unnötigen Arbeitsaufwand. Sie merken nicht, wie sie menschlich verarmen. Andere schaffen es trotz verschiedener Versuche nicht, Beziehungen zu anderen Menschen herzustellen, einen Freundeskreis aufzubauen. Sie verstecken sich hinter verschiedenen Aktivitäten, oft ist es der Beruf. Sie haben nicht den Mut, ihre Einsamkeit einzugestehen, würden aber dadurch ehrliche Zuwendung erfahren. Anderen ist ihre Einsamkeit peinlich, man will niemandem zur Last fallen. So zieht man sich an den Festtagen in seine Wohnung oder sein Haus zurück und ist froh, wenn die Feiertage vorbei sind. Man weicht der Frage, wie man Weihnachten oder Silvester feiern wird, aus. Man hat kein strahlendes Gesicht, wenn man an Weihnachten und Silvester denkt. Im Alter besteht die Gefahr, stirbt ein Partner und die Verwandtschaft ist weit verstreut, zu vereinsamen. Man war ganz dem Partner zugewandt, plötzlich steht man vor dem Nichts, dem *großen Loch* im Leben. Die Kinder sind nicht erreichbar, sie haben woanders ihr Leben aufgebaut. Mit dem Alter wird es schwieriger, neue Kontakte zu knüpfen, und es gibt Rückschläge. Jetzt, nach den Feiertagen, kann man mit Nachbarn und Verkäuferinnen wieder über Belangloses reden: über das Wetter, die Autofahrer und die neuen Minister, ohne dabei auf seine persönliche Lebenssituation angesprochen zu werden.

Die Wartezimmer der Ärzte strahlten nicht immer eine Atmosphäre aus, in der man sich wohl fühlte. Es machte keinen Unterschied, ob es sich um eine Landarztpraxis oder eine Facharztpraxis in der Stadt handelte. Einstmals legte man auf die Ausgestaltung der Wartezimmer keinen besonderen Wert. An den Wänden klebten verschiedene Informationen zu Krankheiten und die Aufforderung zu einer Vorsorge-Impfung. Zumeist sah man den ausgehängten Plakaten ihr langes Dasein an. Die Sessel zeigten deutliche Spuren, welche die Patienten hinterlassen hatten. In der Innenstadt handelte es sich oft um Räume mit einem Fenster in den verwahrlosten Innenhof und die Stühle standen am Gang. Dazumal waren bei den Fachärzten die Wartenummern die Regel. Früh am Morgen, um sechs Uhr, suchte man das Wartezimmer des Facharztes auf und zog eine Wartenummer. Irgendwo war ein Hinweis, bei welcher Nummer der Arzt am vorherigen Tag zum Ordinieren aufgehört hatte. So konnte man sich ein Bild verschaffen, wie lang die Warteschlange vor einem war. Mit dem Frühzug fuhr ich mit der Mutter von Ferndorf nach Villach, um schnurstracks beim Augenarzt auf den Hauptplatz eine Nummer zu ziehen. Danach erledigte die Mutter verschiedene Einkäufe. Gegenüber gab es das Kaufhaus Warmuth mit seinem breitgefächerten Sortiment, von der Bekleidung bis zu den Haushaltsgeräten. In der Nähe befanden sich auch der Eisenhof und die Samenhandlung Streit. Im Schaufenster der Buchhandlung Pfanzelt, am Unteren Kirchenplatz, sah ich Bücher, welche ich mir wünschte. Die Schulärztin hatte mir vom allzu vielen Lesen abgeraten, da ich schon als Kind eine Brille brauchte. Die Ursache dafür sah sie im Lesen. Am späten Vormittag eilten wir wieder in die Augenarztpraxis, um auf den Aufruf unserer Nummer zu warten.

II

Großteils sind die Wartezimmer der Ärzte heute weitläufiger und einladender geworden. Man kann sich darin wohlfühlen und muss nicht mit dem nächsten Patienten auf Tuchfühlung gehen, Körperkontakt zu haben. In manchen städtischen Gemeinschaftspraxen habe ich den Eindruck, ich befinde mich in der Rezeption eines Innenstadthotels. Das verhaltene Benehmen der anwesenden Personen widerlegt diesen Gedanken sofort. Dazu gesellt sich der Geruch von Ungewissheit und Angst statt frischer Raumluft. Um dem gegenzusteuern, stehen in vielen Arztpraxen Blumen und Palmen. Auf dem Couchtisch liegen aktuelle Zeitungen und Illustrierte. Für quirlige Kinder gibt es eine Spielecke und für die Erwachsenen bei der Anmeldung eine Schale mit *Zuckerln*. Diese sind für die Begleitpersonen eine willkommene Erfrischung, weil die Patienten auf ihre Beschwerden fixiert und mit ihren Gedanken beim Arzt im Sprechzimmer sind. Beim Griff nach einem *Zuckerl* kann man eine Frage an die Sprechstundenhilfe richten: „Muss man für den Genuss eines Hustenbonbons auch die E-Card vorweisen?" Zählt der Genuss eines Hustenbonbons als Arztbesuch und wird diese Leistung von der Krankenkasse vergütet? Der Begriff Sprechzimmer und Sprechstunde ist immer noch gebräuchlich. Aufgrund der begrenzten Kassenvergütungen und der ungeduldig wartenden Patienten kann das Sprechzimmer nicht als solches bezeichnet werden. Der Arzt äußert ein kurzes Statement zur Diagnose oder verweist auf die Überweisung zu einer weiteren Untersuchung, zumeist technischer Art. Ähnlich verhält es sich mit der Formulierung Sprechstunde. Die Sprechstundenhilfe besteht zumeist darauf, dass der Patient ihr die Beschwerden schildert, um seinen Aufenthalt beim Arzt abzukürzen. Von den Begriffen Sprechzimmer, Sprechstunde und Sprechstundenhilfe kommt der Begriff Sprechstundenhilfe der Alltagspraxis am nächsten.

Neben der Diskussion um die neuen Steuerpläne der Regierung ist die Quotenregelung bei den Flüchtlingen eine unerschöpfliche Thematik. Wie viele Flüchtlinge sollen in Zusammenhang mit dem Bürgerkrieg in Syrien die einzelnen Staaten in Europa aufnehmen? Dort sind Millionen Menschen auf der Flucht vor den IS-Kriegern. Sie flüchten zuerst in die von unserer Sicht aus armen Nachbarstaaten. So groß die Spannungen zwischen der EU und der Türkei sind, muss man der Türkei zugutehalten, dass sie eine enorme Zahl von Flüchtlingen aufnehmen. Die Flüchtlinge aus Nordafrika, die über das Mittelmeer nach Süditalien und Südspanien kommen, wären eigentlich unser *Bier*. Auch in diesem Bereich gibt es nur Absichtserklärungen von denen, die etwas weiter vom *Schuss* weg sind. Aus den Augen, aus dem Sinn. In einem Kärntner Grenzort hatte ich Umgang mit Flüchtlingen aus dem ehemaligen Jugoslawien. Diese konnten sich zumeist auf Verwandte im Ort stützen und haben sich gut in die Dorfgemeinschaft eingelebt. Um die Kärntner Quote zu erfüllen, werden Flüchtlinge in leerstehenden Kasernen und anderen Bundesgebäuden untergebracht. Sie sind aus meinem Blickfeld verschwunden. Bin ich in der Stadt unterwegs, rücken Bettlerinnen und Bettler, darunter auch Kinder, in mein Gesichtsfeld. Wobei das *Bild*, welches ich aus der Jugendzeit im Kopf habe, von körperlich beeinträchtigten, verwahrlosten und schmutzigen Menschen nicht mehr stimmt. Zu den Eventzeiten wie Weihnachten, Silvester, Fasching oder der Brauchtumswoche sind rund um den Villacher Hauptplatz mindestens ein Dutzend Bettler *tätig*. Sie sind, für jede Witterung ausreichend bekleidet, nicht verwahrlost oder schmutzig. Zumeist gibt es keine sichtbaren körperlichen Einschränkungen. Warum sie trotzdem am Boden hocken, ist für mich nicht nachvollziehbar. Wollen sie eine gewisse Armut oder Unterwürfigkeit zur Schau stellen? Woher kommen sie? Dazu gibt es nur Gerüchte, aus Rumänien oder Bulgarien, auf jeden Fall aus dem Osten. Es wird angenommen, dass sie mit einem Kleinbus herangekarrt und abends wieder *eingesammelt* werden. Die Bettelei hat nichts mit persönlicher Armut zu tun. Viele kontrollieren sofort, was man in ihren Becher geworfen hat, und nicht immer schauen sie dabei zufrieden drein.

II

Es kostet mich keine Überwindung, zwei Euro zu geben. Dabei frage ich mich: Was nützt dem einen Bettler meine Gabe, auch wenn es fünf oder zehn Euro gewesen wären? Was bekommt *er* davon und wie hoch sind die Ausgaben für die Fahrt von Rumänien oder Bulgarien nach

Villach, um bei einem Beispiel zu bleiben? Dazu kommen die Aufenthaltskosten für hier. Die Bettelei trägt bestimmt nichts dazu bei, dass sich seine Lebenssituation nachhaltig verbessert. Im negativen Fall kann sich sein *Pate* ein bequemes Leben gönnen. Das Bayrische Fernsehen ist in einer Dokumentation der Frage nachgegangen, ob es eine Bettlermafia gibt? Hinweise dazu hat es gegeben, nur niemand aus diesen Kreisen *singt*. Meine Überlegung ist, es macht Sinn, eine caritative Organisation wie *Nachbar in Not* oder die *Caritas* zu unterstützen. Diese versuchen vor Ort, in Rumänien und in Bulgarien, das Leid und den Hunger der Bevölkerung zu lindern. Dort die Eigeninitiative anzuregen. Vor kurzem habe ich die Aktion *schenkenmitsinn.at* unterstützt. Dabei konnte man einen Esel, eine Ziege oder Hühner *spenden*. Diese Spende ist jahrelang wirksam und nicht nur einen Tag. Bettler, welche sich an Sonntagen vor den Kirchen platzieren und die Gottesdienstbesucher anschnorren, sind eine eigene *Spezies*. Sie hoffen, dass Gläubige, ob Christen oder Moslem, besonders großzügig sind. In der Annahme, Christen sind per Dogma zur Nächstenliebe verpflichtet, ansonsten begehen sie eine Sünde. Die Aussicht auf ein Weiterleben nach dem Tode wäre gefährdet. Das Paradebeispiel für die christliche Nächstenliebe ist das Gleichnis vom Kaufmann, der unter die Räuber gefallen ist. Er wird von den Wegelagerern ausgeraubt und liegt verwundet am Straßenrand. Viele sogenannte *Gutmenschen* gehen an ihm achtlos vorbei. Man stellt Jesus auf die Probe und fragt ihn: Wer ist denn mein Nächster? Sind dies nur Familienangehörige, Freunde oder Menschen aus demselben Ort? Nein, sagt Jesus, jeder, der in Not geraten ist, ist dein Nächster. So betrachtet sind auch die Straßenbettler unsere Nächsten. Anderseits gibt es in der Bibel Beispiele, wo Jesus diejenigen verdammt, die ihre Talente nicht nützen oder das geborgte Geld nicht vermehren. Im Gleichnis von den Weinstöcken werden jene, die keine Früchte tragen, ausgerissen und in das Feuer geworfen. Diese Beispiele klingen für mich so, als könnte man jene, welche ihre Talente nicht nützen oder keine Früchte tragen, ihrem Schicksal überlassen. Ich denke auch in den ärmeren Ostländern gibt es Perspektiven. Es ist sinnvoll, dort mit unserer Finanzhilfe nachhaltige Arbeitsplätze zu schaffen. Der Bettler, welcher sonntags vor der Kirche zur Hl. Dreifaltigkeit kniet und um eine Spende heischt, ist ein kräftiger junger Mann. Nachdem die letzten Gläubigen die Kirche verlassen haben, steht er auf, geht die Straße entlang und steigt an der Kreuzung in ein Auto ein.

III

Jeder Bettelei auf öffentlichen Plätzen stand ich über einen größeren Zeitraum kritisch gegenüber und dies hatte seinen Grund in einem persönlichen Erlebnis. Bei der Heimfahrt nach Kärnten ist mir in Slowenien auf der Autobahn ein langsam fahrendes Auto aufgefallen. Beim Überholen winkte der Fahrer mit der Hand aus dem Fenster. War dies ein Signal für ein Problem mit ihrem Auto und ein Hilferuf? Im Rückspiegel erkannte ich einen älteren Mercedes mit einem deutschen Kennzeichen.

Wahrscheinlich handelt es sich um ein älteres Ehepaar, welches auf der Rückreise ein Motorproblem bekommen hat, dachte ich mir. Wir bleiben am Pannenstreifen stehen, der Mercedes hinter uns. Vom Beifahrersitz steigt ein Herr im mittleren Alter aus, er kommt zu uns nach vorne. Meine Frau öffnet das Autofenster und der Herr bittet in gutem Deutsch, mit ausländischem Akzent, um Hilfe. Er sei mit seiner Frau und zwei Kindern auf der Fahrt in die Türkei. Leider hat er die Kreditkarte verloren und kein Guthaben am Handy, so könnte er seine Freunde nicht verständigen. Ob wir ihnen nicht Geld leihen könnten, damit er das Handy aufladen und den Kindern etwas zum Trinken kaufen könnte. Er würde uns dafür Schmuck geben und hat dabei ein paar Perlenkettenimitate durch das Fenster gereicht. Diese Schilderung ist mir zwar fragwürdig vorgekommen, trotzdem habe ich ihm zwanzig Euro in die Hand *gedrückt*. Daraufhin hat er durch das Fenster in das Wageninnere geschaut und gebeten, ob wir nicht mehr geben könnten? Zudem hat er eine Visitenkarte hereingereicht, eine Auto-Import und Export-Firma mit Sitz in Berlin. Ob wir ihm nicht hundert Euro *vorschießen* könnten? Bei Bekanntgabe meiner Bankverbindung, würde er diesen Betrag, ist er wieder in Berlin, zurücküberweisen. Wir haben ihm hundert Euro gegeben und ihm versichert, wenn er in einer wirklichen Notlage ist, machen wir dies freiwillig. Wir brauchen keine Rückzahlung und auch keinen Schmuck. Vom Pannenstreifen sind wir schnellstmöglich weitergefahren und bei der nächsten Raststätte haben wir den Kofferraum kontrolliert ob unser Gebäck noch vollständig ist. Nach diesem Erlebnis hatte ich eine Zeitlang eine *Bettlerallergie*.

Vor drei Jahrzehnten hat Neil Postman seinen Bestseller *Wir amüsieren uns zu Tode* veröffentlicht. Er befasste sich mit den Folgen, welche der stundenlange Fernsehkonsum für die geistige Entwicklung des Menschen haben könnte. In dem Buch machte er auf die Gefahr aufmerksam, dass alles zur medialen Show wird, ohne Inhalte: „Unsere Priester und Präsidenten, unsere Chirurgen und Anwälte, unsere Pädagogen und Nachrichtensprecher brauchen sich nicht sonderlich zu mühen, um den Anforderungen ihrer Fachgebiete zu genügen, sie müssen vor allem den Anforderungen gewachsen sein, die an eine gute Show gestellt wird." (N. Postmann) Heute haben seine Aussagen an Gültigkeit zugelegt, da es für die Amüsierstunden durch die permanente Verfügbarkeit von Filmen und Videos im Internet keine zeitliche Beschränkung gibt. Von null bis vierundzwanzig Uhr. Zu Neils Postmann Zeiten war es üblich, dass Kinder und Jugendliche im äußersten Fall täglich ein bis zwei Stunden vor dem Fernseher saßen. Die Fernseherlaubnis für Kinder beschränkte sich in den meisten Familien auf den Samstag- und Sonntagnachmittag. In Österreich gab es in den siebziger Jahren noch viele Haushalte, welche keinen Fernseher hatten. Die Erwachsenen gönnten sich ein- bis zweimal die Woche einen Fernsehabend und dies vor allem zum Wochenende. Es dauerte nicht lange und das

Fernsehkastl wurde als Familienmitglied *adoptiert*. Die Aufmerksamkeit liegt in der heutigen Berufswelt nicht bei der Arbeit, sondern bei den Statusmeldungen, die über das Smartphone hereinkommen. Bei einem Drittel der Verkehrsunfälle ist die Benützung des Handys oder des Navigationsgerätes während der Fahrt daran mitschuldig. So ist es nicht verwunderlich, wenn Zukunftsstrategen dafür plädieren, die Steuerung des Autos einem Computerprogramm zu überlassen. Der Mensch wäre nur mehr Beifahrer und könnte sich seiner liebsten Beschäftigung, dem Amüsement am Tablet hingeben. Im jetzigen Alltag stellt die Führerscheinprüfung eine Auslese dar, wer einen Pkw steuern darf. Damit wird auch das Verkehrsaufkommen ein wenig gedrosselt. Wie wird es auf den Straßen zugehen, wenn jeder mit einem selbstfahrenden Auto unterwegs sein kann? Ob das computergesteuerte Gefährt – oder ist es schon ein Wesen? – die Bezeichnung Auto tragen wird, ist noch offen. Eventuell schreitet die Optimierung des Menschen weiter fort und er wird zu einem selbstfahrenden Gefährt. Der Ruf nach menschlicher Optimierung wird zunehmen. Bereits Leonardo da Vinci hat Fluggeräte konstruiert, um dem Menschen das Fliegen mit eigener Muskelkraft zu ermöglichen. Diese Vorstellung, mit eigener Muskelkraft zu fliegen, hat seit Leonardo da Vinci nichts an Faszination verloren. Der Schneider von Ulm versuchte Anfang des achtzehnten Jahrhunderts, den in Ulm zu Besuch weilenden Kaiser davon zu überzeugen. Seine Flugvorführung mit einem Gleitschirm ist wegen des ungünstigen Absprungortes kläglich gescheitert. Der Schneider fiel samt dem Gleitschirm in die vorbeifließende Donau.

„Im österreichischen Gesundheitssystem sind die Bürger gut aufgehoben", so hören wir es von den öffentlichen Vertretern, auf Bundes- und Landesebene. In diesem Jahr finden in Österreich einige Landtagswahlen statt, es ist ein *kleines* Wahljahr. Neben dem Argument, dass die Pensionen gesichert sind, ist die Ankündigung, dass keines der bestehenden Krankenhäuser geschlossen wird, in der Wahlwerbung ein Allheilmittel. Keiner der Mandatare erlaubt sich das Gegenteil anzukündigen, weil in Österreich die über Fünfzigjährigen der größte Stammwähleranteil sind. In diesem Alter treten die meisten Krankheiten auf und man macht sich um die Höhe der Pension, welche man einmal erhalten wird, Sorgen. Die Forderung nach Einführung einer Reichen- bzw. Millionärssteuer ist ein weiterer Wahlschlager. In meinem Verwandten- und Bekanntenkreis kenne ich niemanden, der diesem Segment angehört. Mit dieser Reichensteuer soll eine Steuerreform für den *kleinen Mann* finanziert werden, der Eingangssteuersatz von 35 % auf 25 % reduziert werden. Zusätzlich denkt der Finanzminister darüber nach, die begünstigten Mehrwertsteuersätze anzuheben. Damit würde bei einer breiten Bevölkerungsschicht das Geld wieder abgeschöpft, welches ihr auf der anderen Seite nachgelassen wurde. Die Katze beißt sich selbst in den Schwanz.

Der Haushalt entpuppt sich als Stressfalle, vieles soll in ein paar Stunden erledigt sein. Auf keinen Fall will man wegen der Hausarbeit das Fest am Abend versäumen, vormittags war man im Teilzeitjob tätig. Wer glaubt, die Menschen werden im Urlaub die Anstrengungen des Alltags los, soll sich beim Abendessen im Hotelspeisesaal umzuschauen. Es gehört zur Ausnahme, erblickt man ein entspanntes und fröhliches Gesicht in lockerer Unterhaltung. Die heutige Überforderung eignet sich gut für verschiedene Verkaufsaktionen. In der Zeitschrift des Kneippvereins und des Ordensspitals wird neben dem Fachartikel, wie man innere Ruhe erlangt, Werbung für Schlaf- und Beruhigungsmittel geschaltet. Die räumliche Nähe zwischen der Anleitung für inneres Wohlbefinden und bezahlter Werbung ist verblüffend. Bei den medizinischen Aufsätzen wird eine Einschaltung der Pharmaindustrie mit dem passenden Produkt platziert. Dafür sind die Senioren eine beliebte Zielgruppe, mit dem Alter stellen sich Störungen bei der Nachtruhe und bei der Stimmung ein. Dazu kommen Beschwerden am Bewegungs- und Verdauungsapparat. Der Seniorenalltag zeigt sich nicht immer von der sonnigen Seite, wie er von den Plakaten der Reisebüros strahlt. Die meisten Berufstätigen leiden nach dem Ausscheiden aus der Arbeitswelt fortan an einer Unterforderung. Sie können die neue Freiheit in der Pension nicht genießen. Es wird versucht, sich an möglichst vielen Projekten und Aufgaben zu beteiligen. Dadurch verspüren sie den Stress fortan auch in der Rente. Die Venen haben nicht mehr die Elastizität wie in der Lebensmitte und reagieren auf den andauernden inneren und äußeren Druck mit Ausbuchtungen. Diese bleiben lange unbemerkt, bis ein Gerinnsel im Kopf einen Schlaganfall auslöst.

Februar

Nach den grünen Weihnachten und dem frühlingshaften Jänner hoffen die Kärntner auf Schnee im Februar. Bald beginnen die Energieferien und viele Kinder möchten gerne Schifahren oder Eislaufen. Energiesparend ist der heutige Tourismus nicht, die Bezeichnung Energieferien wurde vor dreißig Jahren eingeführt und ist irreführend. In Mittelkärnten gibt es oft für eine durchgehende Schneedecke zu wenig Schnee. Dieser Umstand schmälert auch die Umsätze bei den Skiliften, nur die höher gelegenen Wintersportzentren sind ausgelastet. Auf Grund der Witterungsverhältnisse gibt es in diesem Schuljahr dreimal Osterferien oder werden es weiße Ostern? Zurzeit sieht man die Kinder beim Radfahren und Ballspielen. Die Sportartikelhändler – die Kleider- und Schuhhändler – versuchen, mit reduzierten Preisen die Winterware zu verkaufen. Im Lager stapelt sich bereits die Frühjahrsware. Nicht die Jahreszeiten bestimmen unseren Jahresablauf, sondern die neue Kollektion der Schuh- und Kleiderindustrie. Von der in den Schaufenstern der Schuh- und Textilgeschäfte präsentierten neuen Kollektion wird unser Lebensrhythmus bestimmt.

Der Februar wird als der Höhepunkt des Winters bezeichnet. Jetzt, wo in Südkärnten der *tiefste* Winter herrscht, Schneefall und Frosttemperaturen, locken die Reisebüros in den Schaufenstern mit den neuen Reisekatalogen. Sie zeigen Bilder mit blauem Himmel, Sonnenschein, Palmen und braungebrannten Menschen. Bei diesem Anblick *kriecht* so mancher noch tiefer in seinen Mantel hinein, schlägt den Mantelkragen hoch und zieht die Mütze über beide Ohren. Ich weiß nicht, wie viele Menschen der zweiten Lebenshälfte in ihrem Innersten prozentmäßig den Winter verwünschen. Sie wären gerne in einer wärmeren Region. Ein mildes Klima verursacht zumeist weniger körperliche Beschwerden als das nasskalte Winterwetter. Jetzt besteht die Gefahr, an so Banalem wie einem Schnupfen, Husten oder Grippe zu erkranken. An eine lebensbedrohende Lungenentzündung will gar niemand denken. Bei Schnee und Eis häufen sich auch die *Ausrutscher,* die können einen Armbruch oder eine Prellung der Hüftknochen zur Folge haben. Tief in uns freuen wir uns wieder auf den Sommer und verabscheuen den Winter. Dies wagt niemand öffentlich zu äußern, alle fürchten den Shitstorm der öffentlichen Meinung. Zudem kommt der Bannstrahl der Fremdenverkehrswirtschaft, die den Wintertourismus in Gefahr sieht, wenn die Front der Wintersporturlauber abbröckelt. Die meisten verstehen eine schöne Winterlandschaft zu genießen und sehnen sich dabei nach der geheizten Wohnung. Durch die Säkularisierung lassen die Besucherzahlen, abgesehen von den hohen Feiertagen, bei den Gottesdiensten nach. Bei der katholischen Kirche gibt es in einen anderen Bereich regen Zulauf. Sie haben eine Geschäftslücke entdeckt, es gibt jetzt eigene Referate für *Pilgern und Reisen.* Diesen Erfolg kann man in der wöchentlichen Kirchenzeitung, *Sonntag,* nachlesen. Herrscht bei den Aktivitäten der Erwachsenenbildung mäßiger Zuspruch, so herrscht beim Fotoshooting der Pilgergruppen ein dichtes Gedränge, damit alle auf das Bild kommen. Bei den Pilgerreisen verbinden sich bei Menschen mit Reiselust deren geschichtliche Neugier mit ihrem Bedürfnis nach Spiritualität in einer angenehmen Gesellschaft zu einem gefragten Ganzen.

II

Früher waren einige Aussteiger, Tramper, auf den Fernwanderwegen unterwegs, so sind es heute Kolonnen von Pilgern. Öffentlich bekannte Personen, sei es aus der Wirtschaft oder der Politik, sehen es als ihre Pflicht, wenigstens ein Stück vom Jakobsweg gegangen zu sein. In Südösterreich wird eine Fülle von Pilgerwegen angeboten, wie Marienweg, Weg des Buches, Hemmapilgerweg und der Kärntner Mariazellerweg. Die Pilgerreisen der Diözese Gurk sind, in Zusammenarbeit mit einem Busunternehmen, gut geplant. An passenden Gedenktagen mangelt es im Kirchenjahr nicht. Besonders attraktiv ist für viele eine Reise, wenn der Bischof mitfährt, zumeist mitfliegt. Bei diesen Pilgerreisen sind die Plätze schnell ausgebucht. Älteren Personen vermittelt die Teilnahme des Bischofs ein Sicherheitsgefühl. Bei diesem Anlass ist man gerne gläubig, der Segen *von oben* kann einem Bischof ja nicht verwehrt werden. Der verstorbene polnische Papst, Johannes Paul II., könnte für die Pilger ein Vorbild sein. Man nannte ihn den *fliegenden Papst*. Wo die Früchte von seinem Einsatz rund um die Welt noch zu sehen sind, kann ich nicht beurteilen. Man behauptet, die Öffnung des Ostblocks hätte er mitverursacht. Im Nahen Osten habe ich den Eindruck, dass die verschiedenen Religionen untereinander zu keinem Frieden fähig sind. Zumeist kommt es nur zu einem kurzen Innehalten bei den Konflikten. Dort besteht die Gefahr, dass die Christen aus ihrer Ursprungsregion vertrieben werden, es bald keine christlichen Gemeinden geben wird. Die Kirchen werden dann wohl von den Andersgläubigen *umgerüstet*, wie es umgekehrt in Europa geschehen ist. Aug um Aug, Zahn um Zahn, im Auftrag des einen Gottes.

Es gibt Fragen, welche sich schnell beantworten lassen. Es gibt Experimente, welche sich beim ersten Versuch als harmlos herausstellen. Es gibt Gedanken, welche auf den ersten Blick als unwichtig erscheinen. Welche Unterschiede ergeben sich in der Bedeutung, wenn man in einem Satz das Wort *im* statt *am* oder umgekehrt, wenn man in einem Satz *am* statt *im* verwendet? Eine kleine Kostprobe: *Im* See spazieren gehen oder *am* See spazieren gehen. *Im* Wald wohnen oder *am* Wald wohnen. *Im* Bahnhof warten oder *am* Bahnhof warten. *Im* Anfang war das Wort oder *am* Anfang war das Wort? Bei diesem Experiment verändert sich durch den Austausch von nur einem Buchstaben der ganze Inhalt. Im Kloster zu Wiblingen steht über dem Bibliothekseingang der Satz: *Alle Schätze der Weisheit und der Wissenschaft*. Dort gibt es ein Regal, voll mit Büchern, in denen darüber diskutiert wird, welche die ursprüngliche Version im Johannesevangelium gewesen ist: *Im* Anfang war das Wort oder *am* Anfang war das Wort. Wobei jeweils die eine Partei die andere Partei darauf hinweist, dass in den ersten Jahrhunderten die jeweils andere Version falsch übersetzt wurde. Auch in anderen Bibliotheken kann man sich über die Fülle von theologischen Werken wundern, welche sich mit *kleinlichen* Fragen beschäftigen: Wie viele und welche Tiere waren in der Arche Noah, waren sie dort nach Geschlechtern getrennt? Gutgemeinende spekulieren darüber, ob unter den Tieren eine Rangordnung eingehalten wurde? Wie konnte Noah es vermeiden, dass die Maus von der Katze oder der Frosch von der Schlange gefressen wurde? Mit solchen konkreten Fragen beschäftigten sich Theologen und füllten damit die Buchbestände der Bibliotheken. Wir sollten uns Gott, neben ehrwürdigen und weisen Eigenschaften, als einen Gott mit Humor vorstellen, der sich für seinen Alltag Abwechslung wünschte. Was lag näher, als den Menschen als sein Ebenbild – versehen mit kleinen Fehlern – zu erschaffen? Wie kann man sonst die Ewigkeit ertragen?

Davon, dass es zwischen mehreren Personen zur selben Sache eine einhellige Auffassung geben muss, habe ich mich schon lange verabschiedet. Für bestimmte Lebensbereiche ist es unumgänglich, dass man zu einer Meinung kommt. Dazu werden Gesetze erlassen, damit wir im Alltagsleben in wesentlichen Sachen – bei der Sicherheit, den Steuern, im Verkehr und in vielem anderen – eine Orientierung haben. Dabei sollte man nicht übersehen, dass sich einzelne Gesetzestexte an Kompliziertheit gegenseitig überbieten. Damit will man jede Unsicherheit ausschließen, dabei sind die Gesetzestexte der kürzere Teil der Vorschrift. Viel umfangreicher sind die Auslegungen für die Praxis, vor allem die Kommentare zu den Gerichtsurteilen. Die eigene Sichtweise zu einem Vorhaben hängt von den persönlichen Interessen ab. Illustriert an einem alltäglichen Ereignis: An der Bundesstraße reihen sich im Ortskern Privathäuser, Geschäftshäuser und Gasthäuser, unterbrochen durch kleine Gärten, aneinander. Der Textilhändler will zur Straßenseite eine neue Leuchtreklame montieren. Die Sichtbarkeit der Werbeschrift wird auf einer Seite durch einen immer größer werdenden Eschenbaum beeinträchtigt. Der Händler vertritt die Meinung, ein großer Baum hat im Ortskern nichts zu suchen. Die Äste werden mit den Jahren an seinem Hausdach Schäden verursachen. Es wäre an der Zeit, den Baum zu fällen, gleichzeitig könnte sein neues Reklameschild die volle Wirkung entfalten. Dem hält der Bundesbahnbeamte, der Besitzer des kleinen Vorgartens, in dem der Baum steht, entgegen, entlang der Bundesstraße werden soundso immer mehr Bäume gefällt. Es genüge, wenn man die störenden Äste entfernt. So stehen sich zwei Interessen und zwei Sichtweisen gegenüber. Es gibt die täglichen *Vorfälle* beim Frühstück: ob das Brot hart oder weich ist, ob zu viel Marmelade auf dem Butterbrot ist oder zu wenig, ob der Kaffee zu süß oder angenehm ist? Jeder beurteilt es nach seinem Geschmack anders.

II

Geht es im Beruf um eine Entscheidung, welche Werbe-
mittel eingesetzt werden, um das Textilgeschäft zu be-
werben, wird es existenziell. Die Großbetriebe treffen dafür keine Bauchentscheidungen, alles wird von Werbe-
und Marketingprofis gesteuert. Diese Betriebe verfügen
über die rechnerische Kompetenz und können verfolgen,
wie sich der Umsatz bei den beworbenen Artikeln entwickelt. Anders handeln Kleinbetriebe. Von ihnen wird verlangt, sie sollen das ins Abseits geratene Dorfzentrum
durch Gemeinschaftsaktionen beleben; durch Aktivitäten
wie Vollmondshopping, Wühltische, Wettkämpfe und
Verlosungen den Hauptplatz *beflügeln*. Sie verfügen über
keine Kontrollinstrumente, ob sich der finanzielle Auf-
wand für das Straßenfest gelohnt hat. Sie sind auf ihr
Bauchgefühl angewiesen und dabei kommt es zu keiner
einhelligen Meinung untereinander. In Minutenschnelle
kann sich die Sichtweise bei Menschen verändern, dies
erlebte ich beim Besuch der Stadtapotheke. Für eine
Nachbarin besorgte ich vor ihrem Kurantritt die Medikamente für drei Wochen. In der Apotheke warteten viele
Kunden auf Bedienung. Es war so, als wollten sich die
Villacher vor der nächsten Grippewelle mit Medikamenten eindecken. Früher hatte man das Kranksein in die
Wintermonate verschoben, wo in der Landwirtschaft und
im Obstgarten wenig Arbeit war. Die Handwerker im
Baugewerbe versuchten ihre Beschwerden hintanzuhal-
ten, um sie während der Stempelzeit auszukurieren. Ausnahmen bildeten akute Erkrankungen oder Unfälle. In

der Apotheke macht eine ältere Frau aus der Warte-schlange drei Schritte vorwärts, um sich an der Budel ab-zustützen. Sie gibt mir zu verstehen, dass sie sich nicht vorschwindeln möchte, sondern Probleme mit dem Kreislauf hat. Meine Äußerung „Wir werden alle älter, da kommt es zu Beschwerden, vor allem bei kalter Witte-rung" kommentiert sie mit einem schmeichelhaften „Sie können bei den Altersbeschwerden nicht mitreden, sie sind noch ein junger Mann." Damit verändert sich meine Sichtweise auf meine Befindlichkeit und auf mein gefühl-tes Alter. Erstaunt zeigte sich die Frau, als ich der Apo-thekerin drei Rezepte reiche und sie mit acht verschiede-nen Medikamenten zurückkommt. „Ja, auch junge Men-schen können schon an verschiedenen Krankheiten lei-den", quittiert sie ihre Überraschung. Die Apothekerin fragt, ob ich eine Tüte brauche? Ich verweise auf meinen Stoffbeutel. Dort habe ich schon einen Laib Brot und zwei Nussschnecken verstaut. Ergänzend füge ich hinzu, die Medikamente gehören zu meinem *täglichen Brot*.

Zu Jahresbeginn wird für das neue Jahr viel geplant und man hofft darauf, dass ein bestimmtes Vorhaben so und so verlaufen wird. Je nachdem, wie religiös der Einzelne ist, welche Beziehung er zum Schöpfer hat, bittet er um dessen Unterstützung. Für die verschiedenen Anliegen gibt es in den Religionen Schutzgöttinnen und Schutzhei-lige. Für jeden Anlass, ob jemand eine Reise unternimmt, auf eine gute Ernte hofft oder um Nachwuchs bittet. Au-ßerdem haben die verschiedenen Berufe, die Schneider, die Zimmerleute, die Bergleute und die Matrosen ihre Schutzheiligen. Franz von Assisi ist der Schutzpatron der Tiere. Vor einem Jahr wurde mir eine mehrwöchige Kur bewilligt. Ich hoffte, meine Therapie im Frühjahr oder im Sommer antreten zu können. Vom Kurhaus erhielt ich stattdessen die Mitteilung, dass ein Therapieplatz erst ab Mitte Oktober frei sein wird. Der Oktobertermin war fix. Es bestand die Möglichkeit, mich auf die Warteliste zu setzen, um eventuell kurzfristig einen Kurtermin zu bekommen. Die Monate verstrichen und es gab keinen Rückruf. Als der Frühling vorbei war, hoffte ich auf den Sommer, das Kurheim meldete sich nicht. Im Juli erkrankte unsere Hauskatze *Undine* und nach einer Operation brauchte sie meine Pflege. Zur Nachbetreuung musste ich mit ihr mehrmals in die Tierarztpraxis fahren. Während dieser Zeit hoffte ich, dass ich vom Therapiezentrum keinen Telefonanruf bekomme. Ich betete zum heiligen Franziskus, dass *Undine* an Gewicht zunimmt und gesund wird. Nach der Operation verweigerte sie das Fressen und magerte zusätzlich ab, es war eine dramatische Situation. Eines Tages kam die Kehrtwende, sie begann mit immer größerem Appetit zu fressen. Ärgerte ich mich jetzt darüber, dass ich erst Ende Oktober zur Kur fahren konnte, so dachte ich an *Undine*. Was wäre aus ihr geworden, wäre ich in den Wochen ihrer Rekonvaleszenz auf Kur gewesen? Heute bin ich dem heiligen Franziskus dankbar, dass sie wieder durch die Wohnung düst. Kommen wir nach Hause, verlangt *Undine* ungeduldig nach dem Fressen. Manches, was wir zu einem bestimmten

Zeitpunkt bemängeln, ergibt oftmals im Nachhinein einen Sinn. Während der Kur, Ende Oktober bis Mitte November des vergangenen Jahres, war durchgehend warmes und schönes Wetter.

Nach dem Höhepunkt des Faschings, der Ausstrahlung der Villacher Faschingssitzung im Fernsehen, überrollt uns die volle Wucht der schlechten Nachrichten. Während der Faschingszeit konnte man zwischendrin mit einer humoristischen Pointe rechnen. Jetzt stehen wir ohne Karnevalskostüm, ohne Narrenhut und Schminke im Büßergewand da. Wobei die meisten EU-Bürger darüber rätseln, wie sie dazukommen, für die riesigen Geldprobleme der südlichen Mitgliedsstaaten zu haften. Warum sollen die *Normalverbraucher* mit ihren Löhnen und Pensionen die Milliardenschulden begleichen, die von den Verantwortlichen an der Regierungsspitze verludert wurden? Eine breite Bevölkerungsschicht hat in Griechenland das Geld verprasst und jetzt sollen andere dafür gepfändet werden. Dabei frage ich mich, inwiefern die Gleichnisse aus der Bibel in der heutigen Wirtschaft anwendbar sind? Ganz spontan fällt mir dazu ein, wie der Vater dem verlorenen Sohn, obwohl er das ganze Erbteil verprasst hat, bei seiner Heimkehr ein Festmahl bereitet. Dabei hat die Reue des Sohnes eine Rolle gespielt. Im Fall Griechenland höre ich, wie die Bankmanager und die Spekulanten höhnisch lachen, dass es durch Mark und Bein geht. Auch andere EU-Länder rufen nach Unterstützung. Für

einen Lohnempfänger druckt die Europäische Zentralbank unvorstellbare Summen an Euros und kauft damit
wertlose Staatsanleihen auf. Den Banken kauft man ihre
spekulativen Staatspapiere ab. Die Einzigen, die davon
profitieren, sind die Banken und die Spekulanten. Angeb-
lich sollen damit der private Konsum und die Wirtschaft
angekurbelt werden. Wie, ist mir ein Rätsel – der einzelne
Bürger erhält dadurch nicht mehr an Lohn. Einzig Spekulanten, welche sich zu günstigen Kursen mit faulen
Staatspapieren eingedeckt haben, machen jetzt Gewinne.
Ein ungutes Gefühl beschleicht mich, wenn ich darüber
nachdenke. Der Verdacht steht im Raum, es würden die
EU-Finanzminister mit den Bankmanagern und den Spekulanten unter einer *Decke* stecken. Von den Politikern
bekommen die Staatsbürger zu hören, man will den
Bank- und Börsensektor stärker kontrollieren. In der Politik und im Bankwesen gibt es dasselbe Muster, man
muss mit dem Gegenteil rechnen von dem, was gesagt
wird. Von Bekannten erfahre ich, dass Wertpapiere, welche vom Bankberater empfohlen wurden, sich am
schlechtesten entwickelten. Wahrscheinlich hat der Kun-
denberater für diese Papiere die größte Provision erhalten.

In Kärnten werden, Datenschutzbestimmungen *hin oder
her*, die Geburten, die Todesfälle und die Eheschließun-
gen in den Nachrichtenblättern der Kommunen verlautbart; ab dem fünfundsechzigsten Geburtstag, dem offizi-
ellen Antrittsalter für die Rente, in der Gemeindezeitung

auch Glückwünsche zum Geburtstag übermittelt. Ergänzt werden diese Verlautbarungen, hat der Bürgermeister die Glückwünsche zum neunzigsten Geburtstag oder einer Goldenen Hochzeit persönlich überbracht, mit Fotos. Meistens dasselbe Bild: der Bürgermeister inmitten der Familie. Der Hinweis auf die Datenschutzbestimmungen brachte die Krankenbesuche von Mitgliedern einer Villacher Pfarre zu Fall. Engagierte Personen vom Sozialkreis besuchten vor allem Alleinstehende und ältere Personen im Krankenhaus. Sie sprachen den Patienten Trost und Hoffnung zu. Nach Jahren einvernehmlicher Zusammenarbeit wurde die Datenübermittlung der stationären Patienten vom Krankenhaus eingestellt. Es ist nicht selbstverständlich, bei einer Feier das Geburtstagskind voll strotzender Lebensfreude anzutreffen. Älteren Personen verursacht der Besuch des Bürgermeisters, handelt es sich um eine fromme Person, kommt der Besuch des Geistlichen hinzu, ein hohes Maß an Aufregung. Die Jubilare versuchen sich von der besten Seite, humorvoll und gesund, zu zeigen. Die Nervosität, welche durch diese Besuche ausgelöst wird, können sie nicht zur Seite schieben. So überstehen sie den Besuch des verehrten Bürgermeisters und des ehrwürdigen Pfarrers, am Vorabend vom Geburtstag, mit Bauchweh. Am Geburtstag, wo nachmittags die Kinder, die Enkelkinder und ein Teil der Verwandten kommen, fühlt man sich zu Mittag übel und schwindelig. Das chronische Blasenleiden macht sich bemerkbar, fast hätte das Geburtstagskind es vergessen. Ein schlechter Zeitpunkt, um immer wieder die Toilette aufzusuchen.

II

Als ich in Judendorf in das Haus des Onkels eintrete, sitzt in der Küche bereits eine gesellige Runde. Auf dem Küchentisch Speck, Hauswürste, Käse und Brot, die Zutaten für eine Kärntner Brettljause. Die Verwanden haben eine Flasche Bier vor sich, bei manchen ist es schon die zweite und die dritte. Der Jubilar liegt bleich und verstört im Nebenzimmer, er ärgert sich grün und blau darüber, dass er das Bett hüten muss. Seine Frau hat bereits den Arzt verständigt. Sie ist gerade damit beschäftigt, alle Medikamente, welche er täglich einnimmt, auf das *Nachtkastl* zu stellen. Es sind etwa zehn, somit verschafft sie dem Arzt einen Überblick. Die Gäste in der Küche werden immer lauter, da hilft keine Aufforderung, *leiser zu treten*. Der herbeigeeilte Arzt verordnet dem Jubilar Ruhe und Schonung, eine Geburtstagsfeier hat nicht immer Vorteile. Die Event-Gesellschaft nimmt auf das Befinden anderer Menschen keine Rücksicht, man versucht sich bestmöglich zu unterhalten. Dabei eventuell einander zu übervorteilen. Nicht oft gibt es die Gelegenheit, einen Großteil der Verwandtschaft direkt anzusprechen. Diese mit Sonderkonditionen für eine Freizeitunfallversicherung zu locken. Jeder versucht bei der Zusammenkunft für sich das Bestmögliche herauszuschlagen. Verwandte gelten als *Dosenöffner* für familienferne Besucher, die über eine einflussreiche Position verfügen. Diese sind die bevorzugte Beute. Auf die Integrität des Verwandten bauend, verwickelt man offizielle Besucher in eine geschäftliche Diskussion. Dies stimmen weiteren Konsultationen gerne zu. Gleich einem guten Schnaps, sind die vorhandenen Kontakte eine Einstiegsdroge für halbseidene Geschäfte. Familiäre Verbindungen hindern niemanden daran, sich gegenseitig auszutricksen, um das Bestmögliche aus der Verwandtschaft herauszuschlagen. Das Familienbiotop gehört zu den besten Fischereirevieren.

Auf dem Villacher Hauptplatz greift die Frau vom mobilen Kiosk mit einer Serviette nach den letzten Kaiser-brezen, einer großen Bierbrezen, und reicht ihn mir. Dazu schenkt sie mir einen warmen Tee ein, die Neugier der Passanten soll geweckt werden. Wenige Meter weiter hat der amtierende Landeshauptmann zu einer Abschlusskundgebung für die Wahl geladen. Niemand weiß, wer nach der Landtagswahl am Sonntag der neue Landeshauptmann sein wird. Die Ansprache ist schon vorbei, der Landeshauptmann erzählt gerade Witze. Geblieben ist eine Gruppe von Leuten, mit Losen in der Hand. Die Lose wurden von den Wahlhelfern unter der Menge verteilt, zum Abschluss der Wahlkundgebung werden Kärntner Schmankerln, *Kärntner Brettljausn* und *Villacher Bier* verlost. Dafür lohnt es sich auszuharren, kaum zwecks politischer Schlagwörter und politischer Phrasen. An den letzten Februartagen ist es abends kühl, obwohl der Föhn aus Oberitalien den Winterfrost gebrochen und die kalte Luft aus dem Villacher Becken weggeblasen hat. Aus Anlass des Papstrücktrittes beginnen die Kirchenglocken von allen Stadtpfarrkirchen zu läuten. Die Wahlveranstaltung wird abgebrochen, der Landeshauptmann verschwindet von der Bühne und die Musik wird abgedreht. Die Kirchenglocken haben die Funktionäre der Landeshauptmannpartei stumm gemacht, sind diese Töne des Abschieds? In einer bösen Vorahnung würde man meinen, die Sterbeglocken läuten. Wird der Abschied des Landeshauptmanns eingeläutet, muss er abdanken wie der Papst? Vom Papst heißt es, er sei freiwillig zurückgetreten. Politiker verzichten nicht freiwillig auf ihren Politikersessel, sie müssen von ihren Sesseln gestoßen werden. Es liegt im Ermessen der Wählerinnen und Wähler, am Sonntag haben sie dazu eine Gelegenheit. Am Sonnabend wird man die Bedeutung der Glockenschläge kennen, waren es Sieges- oder Verliererklänge.

II

Lässt sich zwischen einem Papst und einem Landeshauptmann eine Verbindung herstellen? Beide sind Fürsten, der Kirchenfürst und der Landesfürst. Der eine von einer kirchlichen Elite, der andere vom Volk gewählt. Der Papst auf Lebenszeit und unfehlbar, der Landeshauptmann abwählbar und fehlbar. Den *Sündenfall* hat es im Kärntner Paradies oftmals gegeben, beschleunigt durch den Satan, in der Person einer charmanten Schlange. Die Wähler haben sich von der Schlange verführen lassen. Durch Gier und Verblendung, weil sie werden wollten wie Gott. Alle waren sie fasziniert von der Möglichkeit hoher Spekulationsgewinne in den südosteuropäischen Ländern. Angelockt vom Ruhm, wurde für zwei Spiele bei der Fußball-Europameisterschaft ein Stadion für zirka dreißigtausend Zuschauer gebaut. Ein Stadion, welches ansonsten nie, auch nicht annähernd, gefüllt werden kann. Die sechsseitige Expertise eines Steuerberaters war zwölf Millionen Euro wert, um *unterm Tisch* Parteienfinanzierung zu betreiben. Nach einem medialen Aufschrei wurde ein *Patriotenrabatt* von sechs Millionen Euro gewährt. Ein Gerichtsverfahren stellte fest, dass diese Expertise dreihunderttausend Euro wert war. Um ehrlich zu sein, hatte sich ein Großteil der Kärntner an diese Verhältnisse gewöhnt. Die Aussagen und die Versprechungen der regierenden Politiker hatten einen gewissen Unterhaltungswert.

Während der vierzigtägigen Fastenzeit wird von den Kirchenkanzeln viel über die Buße und das Fasten gepredigt. Diese Botschaften erreichen nur einen geringen Teil der Bevölkerung. Denke ich an den Kirchenbesuch, sonntags in Völkendorf, dann sind es durchschnittlich siebzig Menschen bei einer Einwohnerzahl von etwa siebentausend in den Stadtteilen Völkendorf, Judendorf und Warmbad Villach. Dies ist gerade ein Prozent der Einwohner. Zu den *hohen Feiertagen* wie Weihnachten und Ostern kommen mehr Gläubige in die Pfarrkirche. Gut besucht sind auch die Vorstellungsrunden der Erstkommunions- und der Firmungskinder. Wohl deshalb, weil es für die Kinder und die Eltern Pflicht ist, daran teilzunehmen. Den Kern der Kirchenbesucher bilden die Älteren, Menschen in der zweiten Lebenshälfte. Heute denkt man beim Fasten nicht nur an die Reduktion von Speisen, man schließt auch den Verzicht auf Fernsehen, Internet und das Auto mit ein. Dafür gibt es eigene Schlagwörter, *Autofasten* und *offline* zu sein. Andere versuchen vierzig Tage lang keinen Alkohol zu trinken, den Kaffeegenuss zu reduzieren oder auf das Coca-Cola zu verzichten. Potenzielle Naschkatzen probieren, weniger Süßigkeiten und Mehlspeisen zu verzehren. Weiters sollte man in dieser Zeit besonders spendenfreudig und hilfsbereit gegenüber ärmeren Mitmenschen sein. Dies alles und noch mehr kommt in den Sonntagspredigten zur Sprache. Wie man sich einschränken will und zu welcher Zeit, ist jedem selbst überlassen. Jedes Jahr wiederholen sich diese Ermahnungen und Aufrufe gebetsmühlenartig. Ein Aspekt wurde bei den Sonntagspredigten, bewusst oder unbewusst, verschwiegen. Vom katholischen Gebot des Fastens sind Kinder, Kranke und Menschen über sechzig Jahre befreit. Die über Sechzigjährigen machen den größten Teil der Messebesucher aus, nur der Prediger hat die Fastenbefreiung all die Jahre nicht erwähnt. Für die Unterstützer eines Missionsprojektes in Indien gab es von einem indischen Priester einen Dankgottesdienst. Er strahlte Herzlichkeit aus und verwies in seiner Predigt darauf, dass vom Fastengebot oben genannte Personen ausgenommen sind. Von der Kanzel herab habe ich noch nie gehört, dass man in der Fastenzeit auf Sex verzichten soll. Vielleicht traut man den Senioren, den fleißigsten Kirchenbesuchern, diesen nicht mehr zu und hält Sex im Alter für ein *geschlossenes Buch*.

Die Alternative, um Istrien ohne Privatauto zu erkunden, sind die öffentlichen Verkehrsmittel, vornehmlich die Busverbindungen. An der Küste verkehren an Wochentagen die Busse in halbstündigen Intervallen. Zwischen den verstreut liegenden Orten im Hinterland sind die Verbindungen spärlicher. Oft findet man an den Haltestellen keine Fahrpläne und weiß daher nicht, wann der nächste Bus fährt. Nähern sich Einheimische der Bushaltestelle, ist dies ein Zeichen dafür, dass bald ein Autobus kommt. Mein Blick ist während der Fahrt in einem öffentlichen Bus auf den Verbotstafeln oberhalb des Fahrersitzes hängengeblieben. Neben bekannten Verbotstafeln wie Rauchen verboten, Telefonieren verboten und Big-Mac-Essen verboten habe ich ein einmaliges Verbotszeichen entdeckt. Umgangssprachlich ausgedrückt: *Furzen verboten*. Manche werden sich fragen, wie dies graphisch dargestellt wurde? Ich hoffe meine Beschreibung ist verständlich: Es ist eine gebückte Person abgebildet und dem Hinterteil entströmt eine *Wolke*. Obligatorisch wird die *Wolke* mit einem roten Kreuz durchgestrichen.

März

Wir erheben ein Klagelied, reißt ein Fingernagel ein und wir bleiben mit dem Finger in der Westentasche hängen; stoßen wir den Oberarm an einem Kasten an und der Arm schmerzt; fügen wir uns beim Öffnen einer Fleischschmalzdose am Daumen einen kleinen Schnitt zu. Diese harmlosen Verletzungen verursachen bereits Schmerzen und wir sehen darin eine Behinderung, die uns den Alltag vergrämt. Aufgeregter verhalten wir uns, schmerzt ein Zahn und es ist ein Problem, die Zahnschmerzen zu ignorieren. Zahnschmerzen treffen uns an einer empfindlichen Stelle, kommt es deshalb zu Schwierigkeiten beim Essen. Der Zustand, dass man nach einer Zahnbehandlung zwei Stunden nichts essen darf, ist bekannt. Während dieser Zeit plagt einen der Hunger gerade so, als hätte man zwei Tage vorher nichts mehr gegessen. Ähnliches empfindet man, wenn man zu einer Untersuchung durch den Facharzt zu einer Blutabnahme *nüchtern* kommen muss. Die Lust zu essen ist dann am größten, wenn wir enthaltsam sein müssen. Dies erleben wir auch an Fasttagen. Mein Eindruck ist: Je geringer die körperlichen Beschwerden, umso lästiger empfinden wir sie. Zu der betreffenden Körperstelle verhalten wir uns unwirsch. Wir sehen darin einen Störfaktor, der unsere Aktivitäten und unseren Lebensfluss behindert. Gerade ist die winterliche Grippewelle vorbei und man kann Vergleiche herstellen. Ein Schnupfen oder ein leichter Husten regt ungemein mehr auf als eine schwere Grippe. Täglich stellt man sich die Frage, wann der Schnupfen vorbei sein wird. Die Heilung versucht man mit Vitamin-C-Tabletten zu beschleunigen. Eine Volksweisheit besagt, der Schnupfen dauert bei Einnahme von Medikamenten eine Woche und ohne Medikamente ebenso. Bei einer Grippe ist jeder emotionale Widerstand zwecklos, man muss sich der Krankheit *ergeben*. Alle Vorhaben für die nächsten Tage verlieren an Bedeutung. Von dem einen werden sie mit *leichtem Herzen*, von anderen mit *schwerem Herzen* verschoben. Während der unfreiwilligen Bettruhe merkt man, unter welchen Anspannungen und Arbeitsdruck man die letzten Monate gelebt hat. Die Bettruhe kann zugleich eine Auszeit sein.

II

Die Auszeit durch eine Grippe wird von den einen widerwillig, von den anderen bereitwillig angenommen. Sich währenddessen dem Arbeitsprozess ganz zu entziehen, gelingt den wenigsten, dafür sorgen die modernen Kommunikationsmittel. An erster Stelle das Handy, damit bleibt man für dringende Auskünfte jederzeit erreichbar. Lässt sich ein Teil der Berufsarbeit am PC erledigen, so werden daheim viele zwischendurch damit arbeiten. Unter den Grippepatienten wird es etliche geben, welche es ohne Handy oder PC nicht länger als einen halben Tag aushalten. Sie wären *doppelt* krank, wenn sie vom Internet ausgeschlossen wären. Anderseits wird sich kaum jemand weigern, während des Krankenstandes die Anrufe aus der Firma nicht anzunehmen. Heutzutage wird ständige Verfügbarkeit erwartet, ein Tribut an die moderne Zeit. Die

Langzeitfolgen der technischen Entwicklung können von uns schon lange nicht mehr gesteuert werden. Wir haben die Handhabung der Technik nicht mehr im Griff. Während meiner Beschäftigung in einer Spittaler Schuhfabrik, in den siebziger Jahren, hat der Personalchef nach Arbeitsbeginn alle nicht gestempelten Zeitkarten an sich genommen. Danach ist er mit seinem Pkw losgefahren um nachzuforschen, warum die Beschäftigten nicht zur Arbeit erschienen sind. Dies diente gleichzeitig zur Kontrolle, dass niemand unerlaubt von der Arbeit fernbleibt. In dieser Zeit hatte ich nachts einmal heftige Magenschmerzen und war am Morgen unfähig zum Arbeiten. Nach dem Aufstehen machte ich mich zu Fuß auf den Weg zum praktischen Arzt. Auf halbem Wege nach Ferndorf kam mir der Personalchef mit seinem VW-Käfer entgegen. Er blieb stehen und fragte mich, warum ich nicht zur Arbeit erschienen bin. Ich erklärte ihm, dass ich mich krank fühle und auf dem Weg zum Arzt bin. Was mir fehlt und wann ich wieder zur Arbeit komme, wollte er als nächstes wissen. Ich bin kein Arzt und über die Dauer des Krankenstandes wird der Arzt entscheiden, erwiderte ich ihm. Daraufhin ist er mit seinem VW-Käfer davongebraust.

Aufrufe zu Mäßigung und Verzicht sind schon lange keine Domäne der Religionen mehr. Die Hotellerie hat den Mehrwert, die zusätzlichen Umsatzmöglichkeiten in der Fastenzeit erkannt. Zeitgemäße Gastronomen bieten nicht nur am Aschermittwoch eine Fastenspeise an, in manchen Lokalen gibt es während der Fastenzeit täglich ein Fastenmenü. Dazu das alkoholfreie Fastenbier. In Vitalzeitschriften und in den Gesundheitsbeilagen der Tageszeitungen wird für Basenfasten, Heilfasten und andere Schlankheitskuren eifrig Werbung gemacht. Diese Angebote werden garniert mit Zusatzpaketen aus dem Wellnessbereich. Es wird darauf hingewiesen, dass trotz Kalorienreduktion die Gaumenfreuden nicht zu kurz kommen. Zu sehr will man den verwöhnten Menschen nicht herausfordern, höchstens bei den Kosten eines solchen Fastenurlaubs. Mit ihren Angeboten steht die Hotellerie in Konkurrenz zu den Kurheimen und den Klöstern, welche seit Jahrzehnten Fastenwochen anbieten und dabei auch den spirituellen Aspekt einbinden. Dabei wird versucht, nicht nur den Körper von Schlacken zu reinigen, sondern auch die Gedanken von Müll und Unrat zu befreien. Wir kämpfen heute für eine reine Umwelt und gegen geistige Umweltverschmutzung. Einige Kurhäuser setzen auf die Behandlungen nach Pfarrer Kneipp, diese schließen die Wiederherstellung des seelischen Gleichgewichts mit ein. Zu den Anwendungen nach alten Rezepten der europäischen Medizin fließen Behandlungen von östlicher und chinesischer Medizin mit ein. Viele haben die Erfahrung gemacht, dass Fasten in der Gruppe oder im Rahmen eines Kuraufenthalts leichter fällt, als wenn man dies zu Hause als Einzelperson durchführt. Neben der Gastronomie und der Kurhotellerie lässt auch die Lebensmittelindustrie das Segment Diät nicht aus ihrem Blickwinkel. Im Genussmittelhandel sind die fett- und kalorienreduzierten Lebensmittel keine Nischenprodukte mehr. Sie erhalten im Supermarkt eine eigene Abteilung. Auch das beliebte Coca-Cola gibt es seit einiger Zeit ohne Zucker, laut Werbung mit demselben Geschmack. Wem dies alles zu wenig ist, der kann in den Fitnessstudios einen speziellen Coach mieten, der beim Abnehmen und Schlankwerden behilflich ist. Dabei zielt die Werbung vornehmlich auf die weibliche Kundschaft. Im selben *Atemzug* gibt es die schlankmachende Pille aus der Apotheke, mit dem Hinweis: „Bis zur Badesaison sind es nur mehr drei Monate." Von der Fastenkur wechselt man nahtlos zum schnellen Abnehmen, zu der Frühlingskur, über. Ich bin gespannt, welche neue Diät in diesem Frühjahr aktuell wird. Mit ihrem Fastenvorsatz überraschte uns eine Bekannte, sie werde in den nächsten Monaten *Männerfasten*. Nach einer zerbrochenen Beziehung wird sie im nächsten Zeitraum die Männer keines Blickes würdigen.

Die Kärnten Therme hat Schlagzeilen ausgelöst, weil die Baukosten überschritten wurden. Dies trifft bei öffentlichen und halböffentlichen Bauten öfters zu. An der Thermengesellschaft ist auch die Stadt Villach beteiligt. Im ersten Winter nach der Fertigstellung gab es ein Problem bei der Dachkonstruktion. Dort ist ein Riss aufgetreten, der saniert werden musste. Mehrmals in der Woche war ich in der Nähe unterwegs und habe mit Staunen dem Aufbau der Kräne zugeschaut. Über eine Woche lang hat diese Montage gedauert. Der Großteil der Kräne wurde aus Deutschland angefordert. Für die Aufstellung der dafür notwendigen starken Hebekräne wurde der Besucherparkplatz gesperrt. Vor ein paar Monaten gab es in den Nachrichten die Meldung, dass die Einnahmen der Therme hinter den Erwartungen zurückbleiben. Von den Pächtern wurde eine finanzielle Unterstützung seitens der Stadt eingefordert. Als Ursache wurde angegeben, dass die Besucher pro Thermenbesuch zu wenig Geld ausgeben. Es ist anzunehmen, dass die Besucher außer dem Badeeintritt keine weiteren, auf jeden Fall zu wenige Zusatzleistungen kauften. Dazu gehört der Eintritt in den Spa- und Saunabereich, Massagen, Pediküre oder einen Aufenthalt im Fitnessraum. Wahrscheinlich konsumierten die Gäste auch zu wenig im badeeigenen Restaurant. Ein Hinweis dafür, dass die Besucher nicht uneingeschränkt Geld zur Verfügung haben. Das Schwimmen im Innen- oder Außenpool, die Benützung der Sprudelliegen sind für die meisten Gäste Erholung genug. Die Kärnten Therme hat ein Herz für Senioren. Am Donnerstag gibt es den Tageseintritt in die Therme und dazu einen Mittagsteller im Restaurant für € 19, −. Dieser Preis *verführt* einige Seniorinnen und Senioren, sich auf den modernen Baustil und den gestylten Innenbereich einzulassen. Einige Senioren, die keine der großen Wasserrutschen in Anspruch nehmen, bemängeln die klein gehaltenen Schwimmbecken.

II

Im Restaurant, beim Verzehr des Tagestellers, Pute mit Reisfleisch, komme ich mit einem Gailtaler Bildhauer in das Gespräch. Er hat seinen Aufenthalt in Villach dazu benützt, um der Therme einen Besuch abzustatten. Er hat es bitter nötig, seine Hände und der Rücken bereiten ihm durch das jahrzehntelange Bearbeiten von Marmor Schmerzen. Er erhofft sich vom Thermalwasser eine Linderung der Beschwerden. Er kann sich nicht vorstellen, stationär eine dreiwöchige Bäderkur zu absolvieren. Dabei käme er sich eingesperrt vor. Seine intensive Schaffensperiode sei vorbei, er nimmt sich beim Arbeiten zurück. Als Künstler arbeitet er jetzt an seiner eigenen Skulptur, am eigenen Körper. Für mich, einem skulpturalen Laien, war seine Aussage zur Architektur der Therme aufschlussreich. Die Innenarchitektur fand er sehr spannend. Enttäuscht war er vom geringen Ausmaß des Innen- und des Außenbeckens im Verhältnis zum Volumen des Innenraumes. Wasser bedeutet seinem Empfinden nach, hinein und hinab zu tauchen. In der Therme ist es gerade umgekehrt. Zum größten Becken, dem Sportbecken, muss man hinaufgehen. Das Sportbecken hätte er sich zu ebener Erde, auf einer Ebene mit den anderen Becken, gewünscht. Blickt er vom ersten Stock auf das Außenbecken, empfindet er dieses als eine Lacke, auf gut kärntnerisch. Eingezwängt zwischen dem Thermen- und dem Hotelkomplex. Für einen Besucher ist es nicht sofort klar, wo der Eingang in das Bad ist. Der Eingangsbereich könnte etwas dominanter sein. So sind die Vorstellungen von Architektur verschieden. Der Badespaß vereint alle Besucher.

Erleben wir im engsten Familienkreis, in der Wohnanlage oder im Bundesland noch Gemeinschaft? Von den *Gutmenschen* werden wir aufgefordert, dass wir uns weltweit für die Einhaltung von Menschenrechten, die Beseitigung von Hunger, mangelnder Schulbildung und unzulänglicher medizinischer Versorgung einsetzen müssen. Wie weit reicht unsere Solidarität in Worten, Werken und Taten? Es hat manchmal den Anschein, je weiter weg die Kriegs- und Hungergebiete, umso stärker ist unsere Anteilnahme. Davon sind wir nicht unmittelbar betroffen, die Hilfe kann mit einer marginalen Spende abgetan werden. Durch die Kontrollen an den EU-Außengrenzen werden wir im Alltag damit nicht wirklich konfrontiert. Unmittelbar betrifft es uns, wird Österreich als EU-Mitglied aufgefordert, einen wirtschaftlichen Strafbeschluss gegen einen Aggressor mitzutragen. Dies bedeutet einen Geschäftsverlust, durch den Export wird der inländische Arbeitsmarkt stabil gehalten. Bricht ein Teil der Exporte ein, dann ist bei der österreichischen Budgetpolitik Feuer am Dach. Der Finanzminister geht zumeist von zu optimistischen Wirtschaftsprognosen aus. Ich bin für Optimismus, aber die Politiker sind Berufsoptimisten, sie verbreiten oft gegen besseres Wissen Optimismus. Bei der Verschärfung der Wirtschaftssanktionen gegen Russland verlieren viele unserer Agrarbetriebe ihren wichtigsten Exportmarkt. Baufirmen, welche dort im Infrastrukturbereich tätig sind, ihre Auslandsaufträge. Ob Krise in Russland oder Ukraine, einige heimische Banken zittern um ihre Ostkredite.

II

Es ist zu überlegen, ob uns die Herstellung der Rechts-
staatlichkeit in der Ukraine einige Milliarden Euro wert
ist? Milliarden, die vom Volk mitfinanziert werden. Ist
uns das eigene Hemd näher und wir überlassen die Wiederherstellung der Weltordnung anderen *Gutmenschen*? In
Österreich machen sich die Menschen darüber Sorgen,
dass die USA einen militärischen und nicht nur einen
wirtschaftlichen Krieg gegen Russland führen könnte.
Der Kampfschauplatz wäre Ost-europa, mit allen Risiken
und Auswirkungen für die Bevölkerung in den Nachbarstaaten. Wir wären von Situationen betroffen, welche wir
ansonsten von der Wohnzimmercouch aus in den Fernsehnachrichten sehen. Ein Teil der EU-Staaten ist Mit-
glied der NATO und wäre somit gezwungen, der USA
bei ihrem Waffengang beizustehen. Zieht man dieses
Szenario in Erwägung, dann kann es einem heiß unter
den Füßen werden. Es ist besser, die Glut im Keim zu
ersticken, viel erhofft man sich von diplomatischen Ver-
handlungen. Manchmal entwickeln *die Dinge* eine Eigen-
dynamik, die nicht mehr gestoppt werden kann. Mit wirtschaftlichen Sanktionen will man Russland zum Einlenken bringen, sind diese die Milliardenverluste bei den Exporten wert? Die Politiker entwickeln schnell ein Szenario, dass die Schuld für die Verzögerung der Steuerreform
und für die Wirtschaftsflaute im aggressiven Verhalten
von Putin in der Ukraine liegt.

Wie wir zu dem Katzennamen Momjan gekommen sind? Von der Autotouringzeitung wurde eine Tour der Sinne in Istrien empfohlen. Dazu zählte auch der Ort Momjan, er liegt im kroatischen Teil, an der Grenze zu Slowenien. Nach einem zweiten und dritten Versuch haben wir die Ausfahrt von der Bundesstraße nach Momjan gefunden. Wie die meisten istrischen Dörfer liegt es auf einer Anhöhe. Bei der Besichtigung von kleineren Ortschaften orientieren wir uns am Kirchturm, der meistens weithin sichtbar über die Häuser hinausragt. Von den haushohen Reklamesäulen der Supermärkte und den Plakatankündern, wie wir sie bei den Ortseinfahrten in Kärnten vorfinden, fehlt hier jede Spur. Im Momjan gab es bei der Kirche einen Hinweis auf ein Kastell, von dem zwischen dem Gestrüpp der eingestürzte Burgfried zu sehen war. Im Ortskern gehen wir die Häuserzeile entlang. Der Blick durch die mit Brettern notdürftig vernagelten Fenster und Türen ist ernüchternd. Im Inneren sind die Zwischenmauern und -decken sowie das Dach längst eingestürzt. Vor den bewohnten Steinhäusern sitzen ältere Leute auf einem Stuhl. Neben den Haustüren ein paar Blumentöpfe. Auf ihrem Schoß zumeist eine dösende Katze. Von einem Haus zum anderem werden wir durch Hundegebell angekündigt, anderseits folgen uns die Blicke hinter den Fenstervorhängen. Wir sind die einzigen Personen auf der Straße. Eine Frau mit einem kleinen schwarzen Dackel kommt uns entgegen. Dessen Hinterfüße sind steif, er zieht seinen *Rollstuhl* hinterher. Der Hinterleib hängt auf einem Gestell mit zwei Rädern. Ist dies eine Qual für ihn, soll uns dieser Hund leidtun? Der

Hund läuft, als verfüge er über vier gesunde Beine und nicht nur über zwei Vorderbeine. Er schaut uns mit listigen Augen an und wendet den Kopf nach allen Richtungen. Das Laufen scheint im Spaß zu machen, er strahlt mehr Lebendigkeit aus als mancher Rassehund. Neugierig verfolgt er eine Duftspur entlang der Dorfstraße, aufgeregt wedelt er mit seinem Schweif. Die Frau hat Mühe, ihm zu folgen.

In wirtschaftlich schwachen Zeiten verkünden die Parteien, die kleinen Einkommen sollen durch eine niedrigere Lohnsteuer entlastet werden. Da man den *Sonntagsreden* der Parteipolitiker keinen Glauben mehr schenkt, ist die Stunde der *Untergangspropheten* gekommen. In den Haushalten verbreitet sie die Botschaft, dass die Eurobanknoten nur noch das Papier wert sind, auf dem sie gedruckt werden. Noch krasser formuliert: Die Eurobanknoten sind nicht einmal das Papier wert, auf dem sie gedruckt wurden. Die im Umlauf befindlichen Geldmittel sind nicht mehr, wie dies einmal der Fall war, durch Gold wertgesichert. Das Gold der österreichischen Nationalbank, zur Absicherung der Währung, befindet sich in einem Depot in London. Der rasante *Nachdruck* an Banknoten durch die EBZ ist durch keine gleichwertige Wirtschaftsleistung abgesichert. Nach solchen Meldungen machen sich der eine und andere über die Sicherheit seines Sparbuches seine Gedanken. In den letzten Jahrhunderten war es nichts Ungewöhnliches, dass ein Staat in

Konkurs gegangen ist. Dieses Szenario war in Europa einige Male der Fall. Davon am schlimmsten betroffen war die breite Schicht der Bevölkerung, weil der Staat seinen gemeinnützigen Aufgaben, Gesundheits-, und Schulwesen, nicht mehr nachkommen konnte. Bei der Sozialhilfe und den Pensionen wurde zu allererst gekürzt. Gleichzeitig erreichten die Lebensmittelpreise durch die Inflation Rekordhöhe. Wer in den Jahren seines arbeitsreichen Lebens etwas zur Seite gelegt hatte, das gern zitierte *Sparbüchlein der Oma*, für deren Stabilität der Staat geradesteht, verliert plötzlich an Vermögen. Durch die Folgen einer Währungsreform, wie es dann geschieht, kann das Sparbüchlein nur noch zum Einheizen benützt werden. Die Großeltern haben dies in Österreich in den dreißiger Jahren erlebt. Das Ersparte war plötzlich nichts mehr wert. Es wäre besser gewesen, anstatt das Geld zu sparen, man hätte dafür Stahlnägel gekauft, diese hätten ihren Wert behalten. In den Familien kam es zu Tragödien, wenn im Zuge von Erbschaften den weichenden Kindern ein Geldbetrag ausbezahlt wurde. Ein paar Monate später war das Geld durch die Währungsreform wertlos. Auf der besseren Seite standen jene, welche Sachwerte, Grund oder Hausbesitz, geerbt hatten. Diese fühlten sich moralisch verpflichtet, dass sie den weichenden Erben in den darauffolgenden Jahren das Erbteil nochmals ausbezahlten.

II

Die Gewinnbeteiligung wurde bei den meisten Lebens- und Sparversicherungen während der Finanzkrise vor sieben Jahren gekürzt oder völlig gestrichen. Die österreichische Pensionsversicherung hat allen Versicherten ihre voraussichtliche Pensionshöhe mitgeteilt. Seitdem hat ein *wahrer Sturm* der Vermögensberater auf die Versicherten eingesetzt, sie versprechen, die Pensionslücke zu füllen. Viele Zusatzversicherungen glauben, ihre Stunde ist gekommen. Für Zahnlücken gibt es kein so vielseitiges Angebot wie für die Pensionslücken. Für mich sind die Angebote nicht mehr relevant, ich bin im *alten* Pensionssystem. Wie können private Versicherungsgesellschaften, die mit Wertpapieren und Aktien spekulieren, für Erträge in zehn oder fünfzehn Jahren garantieren? Selbst der Staat hütet sich, Pensionsgarantien abzugeben. Wahrscheinlich sollte man heute und morgen das Leben genießen und nicht auf das *Pensionsparadies* hoffen. Im Jenseits und im Diesseits, überall setzt die Säkularisierung ein. Manche sehen im Ankauf von Goldbarren einen *Rettungsring*. Wie beim Wohnungskauf ist der Preis für Gold so hoch wie nie zuvor und für Sparbuchbesitzer keine wirkliche Alternative. Vor kurzem gab es zum Mythos Gold eine Reportage in 3sat. Zu Beginn Aufnahmen vom Großen Basar in Istanbul, wo die meisten Schmuckhändler angesiedelt sind. Dort wird weltweit der meiste Goldschmuck verkauft. Weiter ging es nach Australien, zum Tagebau von Gold. Für ein Gramm Gold müssen dutzende Lkw-Ladungen von Gestein zerkleinert, gewaschen und chemisch aufbereitet werden. Beim Einschmelzen von Altgold ist die Ausbeute von Feingold ebenso gering. Für die Goldlagerstätte unter der Frankfurter und Londoner Börse gab es keine aktuelle Dreherlaubnis, gezeigt wurden Archivbilder. Der Bericht endete mit einem Rheingoldwäscher, der sich zu seiner Pension ein kleines Zubrot verschaffte. Der Jahresertrag, mit viel Mühe und Ausdauer verbunden, ist eine kleine Flacon Flasche Goldstaub. Unsere Ausbeute beim Kehren der Wohnung ist ein Flacon Hausstaub. Wir sind keine Goldgräber, sondern Staubjäger. Der Wohnungsstaub führt bei niemandem zum Reichtum.

Der Volksmund sagt es treffend: „Die Zeit vergeht mit dem Älterwerden immer schneller." Unterhalten sich drei Personen über das Altern, werden sie darüber nicht einig, ab wann man alt ist. Ab welchem Geburtstag gehört man zu den Alten? Anno dazumal war es einfacher, ab sechzig Jahren gehörte man zu den Alten und über achtzig Jahren zu den Greisen. Als Betroffener schwanke ich zwischen Zufriedenheit und Verzagtheit. Zufrieden, ein fortgeschrittenes Alter erreicht und Verschiedenes im Leben umgesetzt zu haben. Verzagt am Prozess des Älterwerdens und bei den Einbußen an Lebensfreude. Es wird beschwerlicher, Vorhaben abzuschließen und Zukunftspläne zu fassen. Habe ich etwas vollendet, dann zögere ich: Muss es wieder gleich etwas Neues sein? Vor diesem Hintergrund lässt sich erklären, warum beim *Seniorstudium*

Liberale der Alpen-Adria-Universität trotz Teilnahme von vielen Seniorstudenten die Zahl derer, welche das Curriculum mit einem Zeugnis abschließen, marginal ist. Die Voraussetzung für ein Abschlusszeugnis ist das Verfassen von Seminararbeiten und die Ablegung von mündlichen Prüfungen. Dazu kommt die Vorlage einer Projektarbeit, in welchem Umfang und zu welchem Thema ergibt sich aus den besuchten Lehrveranstaltungen. Seit der Installierung des SSL- Lehrganges an der Alpen-Adria-Universität schlossen zwei Studierende das Curriculum ab. Im Gespräch mit anderen Studienkollegen äußerten mir gegenüber wenige die Absicht, eine Seminararbeit zu verfassen. Sie vertraten die Auffassung, sie haben Zeit ihres Lebens schon genug Prüfungen abgelegt. Sie wollen sich keiner Prüfungssituation mehr aussetzen, dies sei etwas für Jüngere. Das Interesse an den Lehrinhalten ist vorhanden, aber sich von einem jüngeren Professor prüfen zu lassen, dies will man sich nach einem arbeitsreichen Leben nicht mehr aufbürden.

Gegen Ende seines Essays *Religion in der modernen Welt* stellt Herbert Schnädelbach die Frage: „Was wird aus dem Christentum in der modernen, säkularen Welt?" Nach meiner Erfahrung existiert heute eine anlassbezogene Frömmigkeit. Die meisten Eltern, auch wenn sie sich nur kaum mit der Religion beschäftigen, lassen ihre Kinder taufen und melden sie zur Erstkommunion und zur Firmung an. Je weniger sie an einen Gott und ein

Weiterleben im Jenseits glauben, umso glanzvoller gestalten sie die Feiern anlässlich der Taufe, der Erstkommunion und der Firmung. Dazu wird die ganze Verwandtschaft in ein Restaurant eingeladen. In Kärnten erlebt man bei der *Fleischweihe* am Karsamstag, wie tief verwurzelt die Volksfrömmigkeit ist. In einen Weidenkorb werden Schinken, Hauswürstel, Eier, Reindling und Krenwurzen hineingegeben und in die nächste Kirche gebracht. Dort werden die Speisen von einem Priester mit Weihwasser besprengt. Diesen Osterbrauch lässt man sich von keinem aufgeklärten Theologen madigmachen. Einigkeit herrscht unter den Kaufleuten darin, dass die Geschäfte, um den Angestellten die Teilnahme an der *Fleischweihe* zu ermöglichen, am Karsamstagnachmittag geschlossen bleiben. In der Seelsorge gibt es heute zwei Stoßrichtungen, den Volksglauben und den Volkspfarrer, den Individualpfarrer und den Individualglauben. Der Volkspfarrer will mit einer schönen Leichenrede alle zufriedenstellen, der Individualpfarrer will das spirituelle Individuum erreichen. Eine Schwierigkeit des Christentums sieht Schnädelbach darin, dass die Evangelien nicht wie im Koran die Offenbarung selbst sind, sondern sie berichten von ihr und verkündigen sie. Damit ist dem Zweifel Tür und Tor geöffnet, der Zweifel beginnt schon bei der Nachricht von der Auferstehung Jesus. Das andere Szenario, von dem das Christentum bedroht wird, ist die Kommerzialisierung der Religion. Es gibt einen religiösen Supermarkt, wo jeder nach seinen Bedürfnissen religiöse Waren einkaufen kann. Die katholische Kirche hat sich bis jetzt durch innerkirchliche Disziplin gegen Auflösungstendenzen als ziemlich immun erweisen. Ich beobachte, dass durch den freiwilligen Rücktritt von Papst Benedikt XVI. vieles in der Hierarchie der katholischen Kirche fraglich geworden ist. Vor ein paar Jahrzehnten wäre es unvorstellbar gewesen, dass ein Papst, der Stellvertreter Gottes, freiwillig zurücktritt. Beunruhigend ist, dass tausend Jahre christliche Überlieferung nur noch in veränderter Gestalt fortwirken und keine Stütze mehr für eine humane Gesellschaft sind. Schnädelbach vertritt die Meinung, dass die Nächstenliebe, welche auch die Feindesliebe miteinschließt, für die heutige und die zukünftige Gesellschaft überlebenswichtig sein wird. In der westlichen Welt finden wir heute bei den einen die Trauer über den Abschied von eingelebten Ritualen, bei den anderen ist damit die Hoffnung auf neue Formen der Spiritualität verbunden.

Nicht nur in der Fastenzeit wird in Zeitschriften, Zeitungen und Fernsehsendungen viel über die gesundheitlichen Folgen, welche falsche Ernährung verursacht, berichtet. Um Allergiker vor gefährlichen Inhaltsstoffen zu schützen, ist seit diesem Jahr eine Verordnung in Kraft getreten, welche die Restaurants verpflichtet, bei allen Speisen die allergenen Stoffe anzuführen. Die Gastwirte behelfen sich dabei auf unterschiedliche Weise. Die einen fügen zu jeder Speise die allergenen Inhaltsstoffe hinzu, andere haben ein Datenblatt, wo die verwendeten Lebensmittel und ihre allergischen Reaktionen angeführt werden. Die Großbuchstaben und Abkürzungen ergeben einen bunten *Buchstabensalat*. Ich bin kein Gastronom und habe keinerlei Beziehung zur Gastronomie und denke darüber, dass die Allergiker genau wissen, auf welche Stoffe sie mit Beschwerden reagieren. Wer unter starken allergischen Reaktionen leidet, weiß, was in welchen Speisen enthalten ist. Weis jemand von seiner Allergie nichts, dem nützt auch die Angabe der Inhaltsstoffe nicht. Die ersten Erfahrungen, welche Lebensmittel man nicht verträgt, macht man zumeist im eigenen Haushalt. Die weite Verbreitung von allergischen Reaktionen auf bestimmte Lebensmittel ist ein Phänomen der Jetztzeit. Ich kann mich an diesbezügliche Beschwerden in meiner Jugendzeit nicht erinnern. Den umgangssprachlichen *Heuschnupfen* hat man schon damals gekannt. Einige Personen haben darunter bei der Heuernte gelitten. Bekannt war auch der Schnupfen, den die Blüte der Haselnussstauden oder Birken auslöst. Bei uns Kindern ist es vorgekommen, dass bei einem Bienen- oder Wespenstich die Hand angeschwollen ist. Vor den Hornissen, in der Umgangssprache *Rosswespen*, wurden wir gewarnt. Uns erklärte man: Der Stich von mehreren Hornissen würde auch für Pferde eine Gefahr darstellen. Der Spruch, *Der hat eine Rossnatur,* überträgt die Robustheit der Pferde auf einen Menschen. Schwitzte das Pferd bei der Arbeit, bestand die Gefahr, dass es sich verkühlt. Mit einer Decke wurde es zugedeckt. Es war streng verboten, das Pferd im erhitzten Zustand *zu wässern,* zur Tränke zu führen.

II

Durch den regelmäßigen Umgang mit Staub und Schmutz auf dem Bauernhof wurde mein Immunsystem in der Kindheit gefordert und somit widerstandsfähiger. Leiden Kleinkinder unter einer Allergie, empfehlen heute Kinderärzte, dass man sich mit dem Kind stundenweise in einem Kuh- oder Pferdestall aufhalten soll. Dies würde wesentlich zur Stärkung des Immunsystems beitragen. Andere Ärzte verschreiben zur Stärkung des Immun-systems aufwendige Multivitaminpräparate, *orthomol-immun*, die man *haufenweise* und über Monate einnehmen muss. Die Schadstoffe, welche wir täglich einatmen und mit der Nahrung aufnehmen, summieren sich. Kurios ist, wenn Bionahrungsmittel wie Gewürze und Tee aus China kommen. Für mich ist es fraglich, ob dort streng kontrolliert wird und ob es sich um dasselbe Bioverständnis handelt, wie wir es haben. Selbst *Bioostereier* kommen aus dem fernen Osten und wie bei denen die Haltbarkeit verlängert wurde, ist unbekannt. Der Ruf Chinas als Bioproduzent ist einigermaßen ruiniert. In einer Fernsehreportage hat sich ein Importeur beim Interview verraten: Nahrungsmittel aus China werden mit Herkunftsland Kambodscha etikettiert. Die Lebensgefährtin lehnt es entschieden ab, Obst und Gemüse aus Spanien zu kaufen. Dort hat das Gemüse nie eine Erde *genossen*, zumeist wird es in Nährlösungen herangezogen. Zusätzlich mit Pestiziden besprüht, eine *Vorsorgemaßnahme*. Als Bauernkind hatte ich intensiven Kontakt mit Schädlingsbekämpfungsmittel, mit Düngemittel und anderen Chemikalien. Von der

Landwirtschaftskammer, der Vertretung der Bauernschaft, wurde der Einsatz von Düngemittel als Fortschritt gesehen, weil die Erträge pro Hektar Grün- und Getreideflächen gesteigert wurden.

Am Bergbauernhof war in den sechziger Jahren eine Dose DDT ein Allzweckschädlingsbekämpfungsmittel. Überall, wo sich Insekten zeigten, egal ob Ameisen, Engerlinge und Sonstiges, wurde es aufgetragen. Die Fliegenfänger, Marke Aeroxon, wurden in dieser Zeit in der Küche, der Speis und in den Zimmern vielfach verwendet. Diese waren ein mit einer süßlichen und klebrigen Masse bestrichene Streifen, welcher über dem Esstisch, dem Küchentisch, dem Herd und der Kommode vom Plafond baumelten. Die Fliegen wurden durch die Duftstoffe angelockt und blieben daran kleben, es gab für sie kein Entkommen. Sie zappelten und surrten noch eine Zeitlang, dann trat Ruhe ein. Das Mittagessen wurde von diesem Surren begleitet. Die Fliegenplage war im Sommer am größten und einmal im Monat wurden die Fliegen *vergast*. Alle offenen Lebensmittel wurden abgedeckt, Fenster und Türen abgedichtet und dann die vorbereiteten Räucherkegel angezündet. Für zwei Stunden durfte niemand die Küche und die Stube betreten. Danach wurde gut durchgelüftet und die toten Fliegen am Küchenboden zusammengekehrt. Für ein bis zwei Wochen war die ärgste Fliegenplage gebannt. Trotz diesem lockeren Umgang mit Schädlingsbekämpfungsmittel, heute würde man sagen hochgiftigen Stoffen, ist mir nicht bekannt, dass Gesundheitsschäden aufgetreten sind. Waren die Menschen damals weniger *störanfällig?* Die Fliegen gehörten im Sommer am Bauernhof zum Alltag. Sie waren, wie heute es die Katze oder der Wellensittich ist, Familienmitglieder. Den Kühen und Pferden setzten die Fliegen, besonders die Bremsen, arg zu. Diese saugten sich an der Haut der Tiere fest und *pumpten* sich mit Blut voll. Gleichzeitig verursachten sie einen Juckreiz, auf den die Tiere mit ihren zur Verfügung stehenden Mitteln reagierten. Zum einem benützen sie die Beine um zuzuschlagen, setzten ihre Hörner ein und wedelten mit dem Schweif in alle Richtungen, um die Plagegeister loszuwerden. Von ihren Bemühungen, die Quälgeister zu vertreiben, waren auch wir, die wir mit den Tieren Umgang hatten, mit betroffen. Brachten wir mit dem Pferdewagen das Heu oder das Getreide in die Scheune, dann bedurfte es einiger Umsicht, um das Pferd von den Sträuchern am Wegesrand fernzuhalten. Am liebsten wäre das Pferd in die Sträucher *ausgebüchst*, um die Plagegeister abzustreifen. Mit dem eingespannten Heuwagen wäre dies eine Katastrophe gewesen. An den schwülen Sommerabenden passierte es beim Melken, dass die Kuh mit dem Schweif einem eines auf den Kopf gab. Treffen wollte sie die Fliegen, die Bremsen und andere Plagegeister auf ihren Flanken. Krasser ging es zu, wenn sie mit einem Hinterbein ausschlug und dabei den Melkeimer traf, der durch die Luft wirbelte.

Seit Jahren gehen wir Sonntagvormittags an einem Haus in der Milesiestraße vorbei und rätseln darüber, ob in diesem Haus noch jemand wohnt. Wenn, dann eine ältere Person, eine alleinstehende Frau, deren Mann verstorben ist, wie es bei einigen Stadtvillen der Fall ist. Den Witwen ist es ob ihres Alters zumeist nicht mehr möglich, die großen Gärten zu pflegen. Auch kleine Reparaturen am Haus werden vernachlässigt. Nicht immer reicht die Witwenrente aus, um einen Hausbesorger oder einen Handwerker zu bezahlen. Diese Frauengeneration war bei den Kindern zu Hause und hatte kein eigenes Einkommen. Die Nachkommen sind ausgezogen und haben ihren Lebensmittelpunkt in einer anderen Stadt. Bei manchen kommt es zwischen den Eltern und den erwachsenen Kindern zu Zerwürfnissen. Keiner ist bereit, in das Elternhaus zurückzukehren. Die Liegenschaft möchten die Kinder einmal verkaufen, es ist eine Geldreserve. Inzwischen haben wir erfahren, dass die Witwe seit Jahren auf der Geriatrie im Landeskrankenhaus Villach Tag und Nacht gepflegt wird. Das Haus wurde gegen Vandalismus gesichert. Alle Türen und Fenster sind mit Holzbrettern zugenagelt. Der Strom ist unterbunden und der Garten eine willkommene Schuttablagerung. Vor einigen Monaten ist die Frau im LKH verstorben und vor einer Woche hat ein Bagger das Haus abgebrochen. Es wurde alles eingeebnet und begrünt. Wahrscheinlich wird es nicht mehr lange dauern und eine Tafel steht hier: *Grundstück zu verkaufen.* Der Betonpfosten, wo die Gartentür einschnappte, steht noch. Dort erinnert das Namensschild und die Taste für die Klingel an die Frau. Man kann auf den Knopf drücken, aber niemand meldet sich.

April

Emotionsgeladene Themen sind der Islam, die Islamisten, die Dschihadisten und die IS-Kämpfer. Trotz verschiedener Bemühungen, mich darüber zu informieren, komme ich zumeist mit meinem Befund nicht weit. Soviel ich auch hin und her überlege, bei mir kommt es zeitweise zu einer Blockade, ich komme zu keinem eindeutigen Resultat. Es ist gewagt, ohne tiefere Kenntnisse der umfassenden Materie eine Beurteilung abzugeben. Kommen Vorschläge zu einer Entschärfung des Konflikts im Nahen Osten vom Westen, so haben diese westlichen Wissensstandards und Ansichten. So stoßen unsere Analysen auf der Gegenseite nur auf Unverständnis. Im *Kernbereich* des Islam herrscht Gleichmut, den reichen Ölpotentaten geht es darum, dass sie in einem autoritären Staat an der Macht bleiben. Dabei kommt ihnen, nach meinen Informationen, der Islam mit seiner Rechtsprechung sehr zugute. Mit den einzementierten Vorschriften, die keine Öffnung der Gesellschaft zulassen. Das Selbstverständnis der Männer ist ein anderes als bei uns. Warum sollen diese, die in den Moscheen, in den Regierungen und am *heimatlichen* Herd an der Macht sind, etwas von ihren Privilegien aufgeben? Wer ist schon bereit, egal in welchem Land der Erde, sich selbst zu reformieren? Jene, die ein wenig Freiheit einfordern, werden mit aller Härte der Scharia bestraft. Aus einem fehlgeleiteten Gottesverständnis verfolgt man im Namen Allah die andersgläubige Bevölkerung. Sie sind dabei überzeugt, ihm einen

Dienst zu erweisen. Dieses Denken und Handeln hat es über Jahrhunderte auch bei den Christen gegeben. Die Migranten, welche in der EU unter der Mehrheitsbevölkerung leiden, finden in den Versprechungen der Dschihadisten eine willkommene Alternative. Speziell die Jugendlichen, die es hinnehmen müssen, dass ihnen der Wohlstand auf der Nase *herumtanzt*. Da wird man für die Botschaft von einem neuen Reich und einem neuen Menschen empfänglich.

Das Internet und das Smartphone werden von Menschen aus unterschiedlichen Bevölkerungsschichten auf das Heftigste verteufelt. Das Handy wird als das Böse gesehen, ein Schleichweg, auf dem der Satan in die Welt kommt. Andere behaupten von sich, keine Minute ohne dieses neue Kommunikationsmittel verbringen zu können. Vor dem Internetzeitalter, welches gerade den fünfundzwanzigsten Geburtstag gefeiert hat, gab es schon die Post-its. Die kleinen selbstklebenden gelben Notizzettel. Eine Zeitlang hat man diese über jedem Bürotisch, auf jedem Garderobeschrank und auf jeder Kühlschranktür gesehen. Auf dem Frühstücksteller und auf dem Armaturenbrett klebte morgens ein Post-it, mit verschiedenen Wünschen zum Tag. Alles, was man in den nächsten Stunden erledigen sollte. Hätte es die Post-its nicht gegeben, dann hätte man vieles vergessen. Ab und zu gab es auf den gelben Zetteln eine persönliche Nachricht, dass man geliebt wird oder sich auf die Heimkehr freut. Eine Villacher Apotheke formte auf ihrem Schaufenster mit vielen Post-it-Zetteln das Wort *Stress*. Mit Hinweisen, was alles Druck auslöst, darunter Einmaliges. Zum einen, was Stress verursacht, zum anderen, was eigentlich Glücksgefühle auslösen müsste. Eine kleine Auswahl: Mit Alex in das Kino gehen. Der Geburtstag vom Onkel. Pillen kaufen. Gelsen-Spray besorgen. Strafzettel einzahlen. Wohnung putzen. Urlaub buchen. Zum Schluss der Hinweis auf den Antistresskiller, Dr. Schreibers Kraftquelle. Stressfrei, statt für € 17,95 um € 15,95 in der Apotheke zu erwerben.

Wir jammern über vieles, dies beginnt bei einer Selbstverständlichkeit wie dem Wetter. Jeder weiß, dass wir darauf mit unserem Umweltverhalten Einfluss nehmen. Aber das örtliche Wetter, welches morgen oder am Wochenende sein wird, können wir nicht beeinflussen. Trotzdem schimpfen wir, wenn es in der Freizeit mit dem Wetter nicht klappt. Dabei erlauben es unsere vielfältigen Möglichkeiten, für jedes Wetter etwas Passendes zu finden. Einerseits rühmen wir uns, wie aufgeschlossen und flexibel wir sind, und dann zeigen wir uns, wenn es um die Aktivitäten bei der Freizeitgestaltung geht, sehr konservativ. Wir geben dem Wetter die Schuld, wenn wir bösartig und grantig werden. Es erlaubt uns nicht, mit den Nordic-Walking-Stöcken in das Freie zu starten. Kleinlich sind wir, geht es darum, eine bestimmte Wurstsorte für den Abendtisch im Supermarkt zu finden oder eine spezielle Marmelade. Oft bestehen wir darauf, mit dem Auto drei Kilometer weiter zum nächsten Supermarkt zu fahren, um den gewünschten Wurstaufschnitt zu erhalten. Partout schimpfen wir, haben wir Lust zum Fernsehen und finden dafür keine passende Sendung. Dabei verfügen heute die meisten Haushalte über einen Sattelitenempfang und können aus über hundert Programmen wählen. Drückt sich durch diesen Missmut unsere Übersättigung aus? Wir sind Konsumenten auf hoher Ebene, denen das *Normalfutter* nicht mehr schmeckt. Wir wollen etwas Exotisches, was nicht in unseren Breiten wächst. Eine Bekannte klagte darüber, ihre Hauskatze fresse nicht mehr. Sie macht höchstens ein paar *Schnapp* und lässt den Rest im Fressnapf stehen. Die Katze kommt nur mehr in die Küche, wenn es frisches Hühnerfleisch gibt. Sie sorgt sich, dass ihrer Katze Ulli etwas fehlt, vielleicht eine Magenschleimhautentzündung? Womöglich leidet sie an Zahnschmerzen oder ist es ein beginnendes Nierenleiden? Da die Nahrungsverweigerung schon einige Tage dauerte, brachte sie Ulli zum Tierarzt. Nach einer gründlichen Untersuchung die Diagnose ernüchternd: *Die Katze ist überfressen.*

II

Geht es darum, anderen behilflich zu sein, einen Nachbarn zum Einkaufen oder zum Bahnhof zu befördern, geizen wir mit der Zeit. Plötzlich haben wir viele Termine, von denen wir glauben, wir könnten etwas versäumen. Finden es lästig, auf andere Rücksicht zu nehmen. Entdecke ich morgens beim Ankleiden einen Hautausschlag, so drängt es mich zu einem Besuch beim Facharzt. Dort gibt es ohne Voranmeldung keine Behandlung, ich werde auf die Warteliste gesetzt, es könnte Mittag werden. An diesem Vormittag wollte ich Vieles erledigen, in der Stadtbibliothek in den Zeitungen schmökern, bei den privaten Finanzaufzeichnungen Ordnung schaffen und bei einer alleinstehenden Person einen kurzen Besuch abstatten, der schon lange versprochen ist. Plötzlich ist dies am Vormittag nicht mehr möglich. In den ersten Minuten verfalle ich bei der Anmeldung in einen Schock. Danach versuche ich mit der Arzthelferin zu verhandeln, ob es nicht möglich sei baldigst dranzukommen? Wo ich doch Einiges vor dem Mittagessen erledigen wollte. Gibt es die Möglichkeit, die Wartezeit außerhalb der Ordination, in der Stadt zu verbringen? Alles wird abgelehnt. Missmutig gehe ich in das abgenützte Wartezimmer und treffe dort auf ebenso übel gelaunte Gesichter. In jedem, der eintritt, sehen sie einen Konkurrenten, der möglicherweise einen fixen Termin hat und vor ihnen drankommen könnte. Die gereizte Atmosphäre ist spürbar. Ein von weitem als leitender Angestellter erkennbarer Herr palavert am Handy und blickt dabei unwirsch auf seine Uhr. Er teilt seinem Gesprächspartner mit, dass bei den Ärzten immer dasselbe passiert – es werden die Reservierungstermine überzogen. Wir haben keine Einsicht dafür, dass eine ärztliche Behandlung, das Gespräch mit dem Patienten nicht mit der Stoppuhr zu planen ist. Die Untersuchung ist nicht vergleichbar mit der Produktion von einem Stuhl, die auf die Sekunde vorprogrammiert ist. Dabei herrschen bei den Fach- und Kassenärzten ähnliche Zeitvorgaben wie bei der Fertigungsmontage von

Möbeln. Die Krankenversicherungen zahlen für eine Ordination, für die verschiedenen Behandlungen genau nach Tarif und legen dafür die Zeiten fest. So wird der Mensch, genau wie der Sessel, als immer schon als etwas Herzustellendes gedacht, als etwas Technisches.

Als Kind empfindet man es als normal, dass man von den Eltern dabei beobachtet wird, was man gerade spielt oder lernt. Es gehört zum Kindsein, von den Eltern, der Kindergärtnerin, Lehrern, Tanten und Onkels beaufsichtigt zu werden. Erziehungsberechtigte, wie es im Amtsdeutsch heißt, beschützen einen auch vor Missgeschick. Sie warnen vor den Gefahren, wenn man eine Schere oder ein Messer benützt, auf die Balkonbrüstung oder auf einen hohen Baum klettert; beim Spielen am Wildbach vorsichtig zu sein. In der Schule gibt es in den Pausen die Gangaufsicht durch einen Lehrer. Je größer die Gruppe der spielenden und lärmenden Kinder, umso größer die Unfallgefahr. Die Buben wollen den Mädchen zeigen, wer schneller laufen und über mehr Stufen springen kann. Dabei passiert es schnell, dass man gegen eine Mauerkante stößt oder den Knöchel beim Aufprall auf dem Fliesenboden verstaucht. In der Pubertät versucht man sich den Beobachtungen der Erziehungspersonen zu entziehen. Mit seinen Kumpeln trifft man sich an geschützten Orten, unter einer Brücke, im Schrebergarten, in der Burgruine oder in einer Garage. Dort wird zumeist etwas Verbotenes ausgeheckt. Einer aus der Runde bringt einige Flaschen Bier aus Mutters Kühlschrank mit, ein anderer ein paar Marlboro aus der Zigarettenpackung vom Onkel. In der Garage wird getestet, wer Alkohol und Zigaretten besser verträgt. Darüber spekuliert, wie groß der Busen der Klassenältesten ist? Ob sie *unten* schon Haare hat, wie die jungen Frauen in der Zeitschrift *Praline*. Mit jedem Jahr kann man sich aus den Beobachtungen der Erwachsenen mehr herausschälen. Die Abnabelung ist geglückt, wenn die Mutter bittet: „Möchtest du mir nicht erzählen, mit wem du das Wochenende verbracht hast?" Wie viel Überwachung verträgt der Mensch, ab wann fühlt man sich dabei unwohl? Diese Diskussion wird auf verschiedenen Ebenen geführt. Heute denkt man dabei an die Videokameras auf den Bahnhöfen und auf öffentlichen Plätzen, am Bankschalter und in der Tiefgarage. Die Zulässigkeit der digitalen Überwachung ist ein Dauerbrenner in der Gesellschaft. Unerheblich, was man benützt, das Handy, den Laptop, den Krankenkassenchip oder die Stammkundenkarte beim Einkauf, alle Daten werden gespeichert. Einige versuchen, ihre digitalen Spuren zu verwischen und zu verschlüsseln. Die Meldung, dass die Geheimdienste wahllos die Daten von Millionen unbescholtenen Bürgern speichern, schlägt wie eine Bombe ein.

II

Die Wahrnehmung der Aktivitäten von den Wohnungsnachbarn oder den Hausnachbarn erfolgt auf direkter Ebene. Gerne wird beteuert, dass man stolz auf seine Nachbarn ist, wenn diese *ein Auge* auf die Wohnung oder auf das Haus werfen. Vor allem dann, wenn man verreist ist. So kann man den Urlaub unbeschwerter genießen. Es ist vereinbart, dass einem der Nachbar über undefinierbare Vorkommnisse oder Bewegungen rund um das Haus informieren wird; in akuten Fällen die Polizei verständigt. Bei einem Pensionisten-Forum über wirksame Schutzmaßnahmen gegen Einbruch und Diebstahl wurde vom Polizisten auf die Einbrecherprophylaxe durch die Nachbarn hingewiesen. Vielfach handelt es sich zumeist um organisierte Einbrecherbanden aus dem Ausland. Die wirksamste Vorsorge gegen Einbrecher ist ein Wachhund. Die meisten Diebe haben Angst vor einem Hund. Das Schild an der Gartentür *Vorsichtig, scharfer Hund!* lässt manchen Dieb umkehren, auch wenn sich hinter der Gartentür kein Hund befindet. Dieselbe Abschreckung wie ein Wachhund erzeugt ein aufmerksamer Nachbar. Für diese Prävention wurden passende Aufkleber entwickelt: *Vorsicht, wachsamer Nachbar!* So wünschenswert es ist, wenn ein Nachbar während der Abwesenheit einen Blick auf das verwaiste Haus oder auf die Wohnungstüre im Mietshaus macht, so kann diese Gefälligkeit anderseits das Zusammenleben vermiesen. Nicht alle wünschen sich, dass der Nachbar tagtäglich Bescheid weiß, wer einen besucht und welche geschäftlichen Kontakte man hat. In diesem Fall bleibt am nächsten Tag die Frage „Wie lange war die Tante Erika gestern bei dir?" aus. Heranwachsende Teenager verabscheuen es, wenn die Nachbarin akribisch alle Besucher wahrnimmt. Nach dem Wochenende wird dem Vater im Stiegenhaus vorgehalten,

dass bei der jugendlichen Tochter der Freund über-nach-
tet hat. Die Vorhänge und Hecken dienen dem Zweck zu
verhindern, dass die Nachbarn alles mitbekommen. Obwohl jeder von sich sagt, er hat nichts zu verbergen.

Unter Lesern und Kritikern wird darüber diskutiert, wie
ein guter Text, eine Geschichte beschaffen sein muss.
Handelt es sich um kurze Texte, von denen jeder für sich
stehen kann, müssen diese dann eine fortlaufende Geschichte ergeben? Genügt es, mehrere kurze Texte hintereinander zu stellen und so dem Leser die Möglichkeit
zu geben, was ihm sinnvoll erscheint, zusammenzufügen?
In meinem Blog geht es mir darum, Beobachtungen zu
skizzieren und die Texte hintereinander hochzuladen.
Das Web ist ein schnelles Medium, die User wechseln
schnell die Site, das nächste Blog ruft schon. Ich versuche, das Geschehen in zwanzig bis dreißig Zeilen auf *den
Punkt* zu bringen. Beim Schreiben passiert es immer wieder, dass ich von einer *Lebensmomentaufnahme* ausgehe und
dazu fällt mir noch allerlei ein. Dazu kommen zumeist
Erinnerungen aus früheren Tagen, die die derzeitige Situation ergänzen. Eine abwechslungsreiche Folge von Texten spricht für eine Lebendigkeit dessen, der die Texte
verfasst hat. Wichtig ist mir, dass der Leser offene Räume
für seinen gedanklichen Spaziergang vorfindet; nicht alle
Gedanken wie auf einer *Erzählautobahn* plattgewalzt, eben
und asphaltiert sind. Keine *Rennstrecke* für Texte, wo der
Leser dahinrast und versucht, einen neuen Leserekord

aufzustellen. Der Leser soll gedankliche und literarische Betonschwellen vorfinden, Frostaufbrüche.

Oft beschränkt sich das, was im Gehirn vorgeht, im *Kopfuniversum,* um die Befindlichkeit des eigenen Körpers. Im Stillen klopft man die einzelnen Körperpartien nach ihrer Verfassung ab. Dabei drückt man auf die eine und andere Hautstelle, um zu spüren, ob sich etwas verändert hat. Man wartet auf eine Rückmeldung vom Körper. Gibt er ein Echo, gerade so wie beim Ultraschall? Dort, wo es vor drei Tagen geschmerzt hat, ist man besonders aufmerksam. Man dreht und wendet das entsprechende Körperteil, wird der Schmerz wiederkommen? Erfolgt keine Rückmeldung, ist man froh darüber. Die Erwartung, dass es immer noch weh tut, ist groß. Sonst könnte der Eindruck entstehen, dass man sich vor einigen Tagen getäuscht hat.

Engagierte Villacher bringen Kleider, Schuhe, Spielzeug und Schulartikel nach Nitzkydorf in Rumänien. Damit werden die Menschen vor Ort unterstützt und angehalten, im Dorf zu bleiben. Für diesen Zweck lohnt es sich, manches aus dem Kleiderschrank auszusortieren und Schulartikel zu besorgen. Nitzkydorf ist der Geburtsort der Literaturnobelpreisträgerin des Jahres 2009, Herta Müller. Wer erinnert sich noch an sie? Aus dem Umstand, dass aus dem kleinen Ort eine Literaturnobelpreisträgerin hervorgegangen ist, könnte man eine touristische Initiative entwickeln. Nach Aussage der Projektbetreuerin, die mehrmals in Nitzkydorf war, verläuft das Leben dort apathisch. Von den Handelstreibenden im Dorf werden unsere Hilfsgüter nicht gerne gesehen. Sie sahen in der Spendenaktion ein Hineinpfuschen in ihr Geschäft. Die Warenspenden werden unter den Bedürftigsten verteilt, die sich nicht ausreichend mit Kleider und Schulartikel versorgen können. Es wäre interessant zu wissen, ob Herta Müller vom jetzigen Elend in ihrem Geburtsort Bescheid weiß. Ihre Kindheit hat sie in literarischer Form verarbeitet, will sie von den aktuellen Verhältnissen Abstand halten? Das Schreiben braucht die Bilder aus der Kindheit immer wieder von Neuem. Diese Erinnerungen dürfen nicht durch neue Eindrücke verblassen. Kryptisch der Titel eines Buches: *Immer derselbe Schnee und immer derselbe Onkel.* So, als ändert sich in den Dörfern des Banats bis heute nichts. Leben noch Personen aus ihren Kindheitstagen, dann hat sich bei ihnen bis zum heutigen Tag am Jahresrhythmus nichts verändert. Auch in diesem Sommer werden sie wieder Marmelade einkochen, im Herbst den Kurs *Mitten im Leben* besuchen und im Winter Socken stricken. Der Literaturnobelpreisträgerin Hertha Müller hat man eine Ehrung und die Namensgebung für den Schulneubau angeboten, beides hat sie abgelehnt. Der Schulneubau wurde von der EU gefördert und dort hat man ein kleines Museum für Hertha Müller eingerichtet.

II

Die Leiterin der Kindertagesstätte Nitzkydorf in Rumänien ist eine ausgebildete Lehrerin und hat sich vorgenommen, während des Vortrages nicht zu weinen. Sie formuliert sehr gut und hat großes Gottvertrauen. Gott zeigt ihr immer einen Weg, sie betet darum, dass er sie nicht verlässt. Ihren Sohn hat sie zu keinem Egoisten erzogen, sondern gelernt, mit anderen zu teilen, wie seine Jausenbrote. In Notsituationen ruft sie Schwester Gertraud in Kärnten an. Schwester Gertraud meint, Gott wacht über alles. Ist ihre Frömmigkeit echt, so kenne ich keinen anderen gottesfürchtigeren Menschen. Die Schwiegertochter übersetzt ihre Worte vom Rumänischen ins Deutsche, der Sohn zeigt bewegende Bilder aus dem rumänischen Alltag. Etwa fünfzig Straßenkinder werden in der Tagesstätte betreut. Denen fehlt das Notwendigste, Nahrung, Kleider und ein Zuhause. Viele hatten über lange Zeit Hunger und Angst. In dieser Tagesstätte wird versucht, den Kindern ihre Kindheit zurückgegeben. Zusätzlich werden auch Familien von Nitzkydorf, denen es an Essen und Heizmaterial fehlt, unterstützt. In der Jugendzeit von Hertha Müller gab es eine große deutschsprachige Gemeinschaft, heute leben in Nitzkydorf über zwanzig verschiedene ethnische Gruppen. Unter der Bevölkerung fehlt ein Zusammenhalt. Der Kommunismus wirkt in den Köpfen der Menschen noch nach, niemand schätzt den anderen. Die Menschen entwickeln erst wieder soziales Empfinden. Der Sohn der

Kindergartenleiterin bezeichnet Rumänien als eine korrupte Demokratie. Die gezeigten Bilder sprechen für sich. Ein Raum dient als Küche, Schlaf und Wohnzimmer, beheizt mit einem kleinen Holzofen. Bis zu sechs Leute wohnen darin. Die Wände sind unverputzt, die sanitären und elektrischen Installationen mangelhaft. Das Krankenhaus ist in einer Baracke untergebracht, OP-Tücher, Bettwäsche und Medikamente sind Mangelware.

Hinter vielen Bemühungen stehen manches Mal große Hoffnungen. Nach einigen Monaten Therapie, Ultraschall, Kältebehandlung und Gymnastik hofft man, dass sich die Beschwerden im Kniegelenk bessern. Die letzte Verhandlung mit dem Bauunternehmer führte zu einem Auftrag für Stahlträger. In der Entwicklungsabteilung bringen junge Mitarbeiter, frisch von der Fachhochschule, neuen Schwung in die Konstruktion einer effektiven Art von Absaugvorrichtungen. Einen Umschwung erhofft man sich vom Straßenfest bei den Beziehungen zu den Nachbarn. Es soll nicht wegen Lappalien zu gegenseitigen Anfeindungen kommen. Die Parteisekretäre und Parteistrategen befürchten, dass es bei der nächsten Wahl zu einem Wandel im Wählerverhalten kommt. Für die etablierten Parteien bedeutet ein Umschwung im Wählerverhalten einen Mandatsverlust. Dies ist nicht nur ein Stimmverlust, sondern bedeutet auch Einkommens- und Machtverlust der Parteisoldaten. Die sommerlichen Temperaturen im April führten zu einer neuen Wahrnehmung der Klimaveränderung. Wer nicht wahrhaben will, dass wir mit unseren Umweltbelastungen Mitverursacher sind, der verhindert einen Wandel und es wird für eine Umkehr zu spät. Beim Wetterumsturz im Gebirge können plötzlich schwarze Wolken aufziehen, Donner und Blitz, Sturm und Regen einsetzen. Das Wandervergnügen kann zu einer Belastung werden. Der Föhn brachte Sand, warme und trockene Luft aus der Sahara in unsere Breiten. Die Hitze und der Sand sind Vorboten für einen Bevölkerungsumschwung. Zuerst die Hitze aus Afrika und dann treten die Einwanderer auf den Plan. Jahrhunderte lang eroberten wir Afrika, jetzt kommen die Afrikaner zu uns. Als Alpenländer ziehen wir uns in die Hochtäler und Berge zurück, die Zugezogenen besiedeln die Ebenen. Sie ertragen die Hitze bestens. Prognosen sollte man mit Vorsicht zur Kenntnis nehmen, vielleicht gibt es einen Umkehrschwung und wir haben uns umsonst Sorgen gemacht.

Im Laufe seiner Lebensjahrzehnte entwickelt jeder Mensch seine Eigenheiten. Manche lieben eine aufgeräumte Wohnung, andere legen Wert auf geputzte Schuhe. Verschiedene Frauen dulden das Zeitungslesen beim Essen nicht, manche Männer wollen darauf partout nicht verzichten. Neuerdings wird die Zeitung vom Smartphone abgelöst, es liegt am Esstisch neben dem Besteck. Vorsichtige steuern in einem überfüllten Café sofort einen Platz in Fenster- oder Türnähe an. Diesen ist ein Fluchtweg wichtig. Einigen ist es wichtig zwischendurch einmal die Hände zu waschen, manche machen ohne Kopfbedeckung keinen Schritt vor das Haus. Wenige lieben es, zehn Minuten vor der Abfahrt des Stadtbusses auf der Haltestelle zu sein. Bei manchen hat die Uhr mindestens drei Minuten *Vorlauf*, damit sie nicht zu spät kommen. Einzelne sehen sich bestätigt, wenn sie auf die Minute genau bei einer Veranstaltung eintreffen. Am stärksten herausgefordert werden unsere Gewohnheiten beim Geruchssinn. Was für den einen *himmlisch* riecht, ein Gailtaler Hauswürstel, ist für jemanden anderen kaum zu ertragen. Bei Käsesorten gibt es unterschiedliche Geruchswahrnehmung. Manche vertreten die Meinung, je intensiver der Käse riecht, umso besser seine Qualität. Etliche beginnt es zu würgen, wenn bei der *Kärntner Brettljause* der Glundnerkäse sein Aroma versprüht. Gerne esse ich zwischenzeitlich einen Fisch, da immer betont wird, er ist so gesund. Als Vorbild gelten die Mittelmeerbewohner, welche keine erhöhten Cholesterinwerte haben und selten an Herz- und Venenkrankheiten leiden. Beim Braten des Fisches ist es zumeist unvermeidbar, dass intensiver Geruch entsteht. Diesem würde ich am liebsten aus dem Weg gehen. Beim Fischgeruch könnte man daran *feilen*, dass er für Veganer nach Radieschen und für Fleischliebhaber nach Krainerwürstel riecht. Wer verschnupft ist bedauert, dass er den Duft des Kaffees und des Kipferls nicht riechen kann.

II

Geht man kurz vor der Mittagszeit durch das Stiegenhaus eines Mehrparteienhauses, dann weht einem eine Mischung aus verschiedenen Gerüchen entgegen. Aus den

Wohnungen dringen die unterschiedlichsten Essensdüfte. Besonders intensiv der Geruch von Kohl, Kartoffeln, Fisch, Bratwürsten und Sauerkraut. Unser Riechorgan, die Nase, macht es uns nicht einfach. Schon seine markante Form und der Sitz inmitten des Gesichtes stellt für manche ein Ärgernis dar. In jedem Fall entspricht das Aussehen nicht den gängigen Schönheitsidealen. Bei vielen ist der Urlaub auf dem Land oder direkt auf einem Bauernhof beliebt. Die meisten sind dann etwas irritiert, werden sie mit den Gerüchen des Landlebens konfrontiert. Am intensivsten erlebt man diese auf einem Bauernhof. Betritt man den Viehstall, egal ob Kühe, Schweine oder Schafe, die Düfte können einem den Atem wegnehmen. Kommt der Gast in den Bereich, wo der Mist und die Gülle entsorgt werden, dann endet dort zumeist die Begeisterung für das Landleben. Die meisten Gäste sind verärgert, wenn durch das gekippte Zimmerfenster der Gülleduft weht. Für einen Liebhaber des Wiener Schnitzels ist es kaum erträglich, wenn er am Bauernhof eine Schlachtung miterlebt. Wer beim *Sauschlachten* schon dabei war, bekommt das Gefühl, das Schwein weiß, was ihn als nächstes erwartet. Für alle Fleischliebhaber ist es tröstlich, dass beim Fleischhauer und beim Bauer beim Schlachten eine gewisse Routine herrscht. Bei den Kleinbauern werden die Tiere bis zur Schlachtreife artgerecht versorgt. Auch beim Metzgern wird mit der notwendigen Behutsamkeit vorgegangen. Alle Fürsorge endet bei den Nutztieren mit dem Vermarkten, dem Tod.

Eine Vorstellung: als Bettler auf dem Villacher Hauptplatz zu knien. Warum knien sie immer auf dem Boden? Die Situation auf der Straße zu betteln, ist an sich schon unmenschlich. Ich würde jemanden etwas geben, auch wenn dieser am Oberen Hauptplatz sich an eine Mauer anlehnt. Von verschiedenen Seiten hört man, dass die Bettler und Bettlerinnen zum Betteln gezwungen werden. Welchen Sinn macht meine Spende, wenn er sie abliefern muss? Welcher Kreislauf wird unterstützt, wenn man den Bettlern etwas in den Trinkbecher wirft? Wen von den vorbeieilenden Menschen würde ich anbetteln? Die dynamischen Männer, welche mit einer Laptoptasche und im dunklem Anzug über den Hauptplatz eilen? Die gestikulierenden, wohlgenährten Pensionisten, welche die Parolen einer Österreich-Zeitung wiederholen? Eine Burka tragende Frau, die einen Kinderwagen vor sich herschiebt? Wer ist spendenfreudiger? Sind es die Gläubigen, welche am Sonntagvormittag der Stadtpfarrkirche zustreben? Wäre mehr zu erreichen, wenn sie ihre Energie und Zeit in einen Beruf einzusetzen würden?

Die Erzählungen über die Befindlichkeit bei Stress und Burnout sind heute zahlreicher als die Schilderungen über den Zustand der Muße. Auch im Urlaub soll keine Ruhe aufkommen, dies klingt nach Langeweile und Fadesse und dies will man auf jeden Fall vermeiden. Nichts stößt auf so viel Unverständnis wie das Wort Langeweile. Für den Urlaub bucht man ein umfangreiches Freizeitprogramm mit, damit keine Eintönigkeit aufkommt. Bei vielen kommt hinzu, dass sie sich für unentbehrlich halten und eventuelle Zeitlücken mit einer Arbeit aus der Firma überbrücken. Den modernen Medien gebührt Dank. Gerade wie in der *Kinderstube*, wo die Eltern es nicht schaffen, *es* ständig zu beschäftigen. Sofort wird *ihm* langweilig. Begleiten uns Kinder bei einem Verwandtenbesuch und es gibt dort keine Gleichaltrigen zum Spielen, dann werden wir schnell damit konfrontiert, dass es dem Kind eintönig wird. Auf ihre Frage, was sollen wir tun, haben wir zumeist keine passende Antwort. Auf den ersten Blick haben es heute die Kinder leichter, sich zu unterhalten. Es vergehen keine zehn Minuten, und sie tippen auf ihrem Handy. Was genau, entzieht sich dem Blick der Erwachsenen. Auch in der Gruppe ziehen sie die Beschäftigung mit dem Handy oft dem gemeinsamen Spielen vor. Um jede Eintönigkeit zu vermeiden, hält man für die Kinder, neben dem Schulbesuch, ein großes Freizeitprogramm bereit. Einzig und allein dazu, damit sie nicht zu viele Fragen stellen.

II

Mit dem Zustand der Muße wissen die meisten Erwachsenen nichts anzufangen. Dieser könnte zu einem Schwebezustand führen, der Fragen zulässt, welche man gerne verdrängt. Allgemein nimmt man an, den Zustand der Beschaulichkeit erreicht man am Feierabend, am Wochenende oder im Urlaub. In jungen Jahren habe ich als Fließbandarbeiter in einer Schuhfabrik täglich über zweitausend Damenschuhabsätze verschraubt. Dabei habe ich mich im Zustand der Atempause befunden. Mein Gehirn entwickelte Fantasien von einem abwechslungsreichen Leben. Für die Arbeit genügte es, die Absätze mit den Fingern zu positionieren. Eine Fußbewegung fixierte den Absatz mit einer Schraube. War dies eine *Arbeitsmeditation*? Ich habe gelesen, in den indischen Klöstern gehört die Küchen- und Gartenarbeit zur Zen Meditation. Auf meine Situation bezogen: eine *Damenschuhabsatzschraubermeditation*. Diese Erfahrung widerspricht der Auffassung von Martin Heidegger, welcher der Fabrikarbeit eine *tierische Benommenheit* zuschreibt. Dagegen spricht, dass viele Menschen eine große Freude an ihrer Arbeit haben. Ihre gute Laune lässt sich mit der Fröhlichkeit vergleichen, wie sie Kinder beim Spielen zeigen, wenn es ihnen Spaß macht. Wahrscheinlich erleben profane Handwerker, welche einen Türstock einmauern, ein Vorhaus verfließen oder einen Badezimmerspiegel montieren, dieselbe Zufriedenheit, wie wenn ein Künstler ein Aquarellbild fertiggestellt hat. Ich kann sagen, dass mir die Welt – passender: die täglichen Dinge wie die Nachbarn, die Wohnung, das Stadtviertel –, seit ich sechzig bin, anders erscheint, obwohl es dieselbe ist. Der Alltag kommt mir mit sechzig anders vor, als dies mit fünfzig der Fall war. Er ist zwar oberflächlich derselbe, aber die Erfahrungen lassen mir dieselben Zustände anders erscheinen. Der Philosoph Aristoteles sah in der Muße das wirkliche Leben, wo sich der Mensch zum Menschen entfalten kann. Für Martin Heidegger ist die Langweile das größte Gut des Menschen, etwas, was den Tieren fremd sei. Sie würden von ihren Trieben und Instinkten gesteuert. Im täglichen Leben hat sich die Vorstellung von Aristoteles nicht durchgesetzt. Die Wörter *Muße* und *Langeweile* sind die Unwörter des Jahrzehnts.

Mai

Wann ist der beste Moment, um über ein Barcamp zu schreiben? Sofort, während des Meetings oder abends? Zumeist werden Stichwörter auf Facebook oder Twitter abgesetzt. Die ganz Flotten schaffen es, auf einem Tablet mitzuschreiben. Meine Erfahrung ist: Am besten bewährt sich in diesem Fall das gute alte Notizheft. Wie weit ist es möglich, zugleich zuzuhören und mitzuschreiben? Aufmerksam zuhören ist eine eigene Gabe, schon im kleinen Kreis heißt es: Du hörst mir nicht zu. Wie steht es mit der Kultur des Zuhörens, wenn während des Meetings viele ihr Handy und Tablet bedienen? Andersherum wollen die meisten bei einer Session zu Wort kommen. Dabei muss ich mich selber an der Nase nehmen, wobei ich anderen auch gerne zuhöre. Nach dem Barcamp, bei der Zugfahrt von Graz nach Villach, wird mir bewusst, ich hätte noch gerne bei anderen Themen zugehört. Junge Leute stehen einfach auf und stellen ihre Erkenntnisse und Unternehmensideen zur Diskussion. Menschen über sechzig plus können sich oft schwer vorstellen, dass es ganz neue Ideen in der Wirtschaft und in der Kommunikation geben wird. Etwas ganz anderes, als wir es heute kennen. Die Jugendlichen treffen besser den Geschmack ihrer Generation, als wir dies könnten. Über vierzig Jahre war ich im Papierhandel tätig. Betrete ich heute in einer Stadt ein Papierfachgeschäft, sehe ich, wie viel sich in der Gestaltung der Läden und im Warenangebot in den letzten Jahren geändert hat. Die klassischen Schreib- und Papierwaren findet man kaum noch vorne im Laden. Fast habe ich den Eindruck, das klassische Schreib-und Papierwarensortiment wird im hinteren Teil des Geschäftes *versteckt*. Im Eingangsbereich gibt es zumeist Artikel, welche ohne jeden Nutzen sind, Gag-Artikel. Servietten, Blocks, Tassen, Dosen und Beutel, versehen mit kreativen Sprüchen und Comics. Das Entscheidende ist das Design, kreativ muss es aussehen. Beim Einkaufsverhalten der Jugend spielt vor allem die Optik, der nötige Pep, eine Rolle. Viele Junge träumen vom eigenen Designerbüro. Einerlei, ob man dort Küchengeräte, Möbel, Mode oder Schreibutensilien entwirft.

II

Wie *gefesselt* ich vom Grazer Blogcamp war, zeigte sich bei der Abreise am Bahnhof. Ungläubig blickte ich auf den Monitor mit den Abfahrtszeiten, nirgends konnte ich die Zugverbindung nach Villach entdecken. Bei mir machte sich Verzweiflung breit, als zum bekannten Abfahrtstermin ein Railjet angezeigt wurde, der den Flughafen Wien als Ziel hatte. Wo bleibt mein Zug nach Villach, weder vorher noch später konnte ich eine Zugsverbindung nach Villach entdecken. Spät lokalisiere ich: Es gibt keine Direktverbindung, der RJ nach Wien ist auch mein Zug, mit Umsteigen in Bruck an der Mur. Von dort geht es direkt nach Villach. In Judenburg herrscht leichtes Schneetreiben. Ich erweitere meine Barcampstichwörter in meinen Notes. Wie könnte man Außenstehenden das Wesen eines Barcamps erklären? Vielleicht anhand des Unterschiedes zwischen einem Brockhaus-Lexikon und der Online-Enzyklopädie Wikipedia. Beim Brockhaus gibt es eine fixe Redaktion und einen Wissenschaftsbeirat, diese erstellen die Stichwörter mit den Inhalten. Die Einträge geben den aktuellen Wissenstand wieder. Der Personenkreis, welcher bei Wikipedia mitarbeitet, ist unendlich. Jeder, der dazu fähig ist, kann an den Einträgen mitschreiben. Die Überprüfung erfolgt durch *Wissenswächter*, welche aber nicht immer die fachliche Autorität der Brockhaus-Redaktion haben. Ein Vorteil liegt darin, dass die Einträge einem geänderten Wissenstand schneller angepasst werden können.

Zu Beginn des Tages stehen beim Barcamp die Themen der einzelnen Sessions noch nicht fest. An die Teilnehmer ergeht ein Aufruf, nach dem anderen sich für eine Präsentation zu melden. Erst als sich die Ersten melden, drängen sich immer mehr Vortragende nach vorne. Wie groß das Selbstbewusstsein der Teilnehmerinnen und Teilnehmer ist, zeigt sich in der Aussage: „Ich habe nichts vorbereitet, will mich aber mit anderen über die neuen Widgets bei WordPress unterhalten." Persönlich war ich vorsichtiger. Meine PowerPoint-Präsentation über meinen Blog und mein Bloggen war auf jeden Fall für Neueinsteiger geeignet. Während der Präsentation gab es dazu von den Zuhörern Ergänzungen und neue Fragen. Wer meinen Blog kennt, weiß, dass es auf meiner Seite keine Produktwerbung und keine Artikel über Produkttests gibt. Aus dieser Sicht bin ich ein Blogger der alten

Schule, der seine Leidenschaft am Beobachten und Schreiben in einem Blog entfaltet. Gefragt wurde auch, ob man mit einem Blog Geld verdienen kann, vom Bloggen leben kann? Wenn, am besten mit einem Monatseinkommen von etwa dreitausend Euro, wenn möglich etwas mehr. Ein Vorbild dafür ist die Modebloggerin Veronika Heilbrunner. Heute starten die meisten einen Blog mit der Absicht, Geld zu verdienen. Bei den Langzeitbloggern dreht sich der Fokus um die Freude am Teilen von Wissen, weniger die Leidenschaft am Geldverdienen. Der Einsteigertraum ist, einen Blog zu starten und diesen bei Erfolg an ein größeres Webunternehmen zu verkaufen. Die Aussicht von Google, Twitter und Co. entdeckt und übernommen zu werden, schwang bei vielen Referaten mit. Zumindest bei den Suchergebnissen, als Beispiel *Venedig*, bei Google ganz vorne zu liegen. Zumindest unter den ersten drei Eintragungen, wenigsten auf den ersten drei Seiten. Ein anderes Ergebnis ist Schrott, reif für die *Internetmüllverbrennungsanlage*, von mir im Web installiert. Welche Keywörter sind notwendig, um bei den Suchanfragen vorne dabei zu sein? Weiß jemand in der Gruppe etwas über das bestgehütete Geheimnis der Welt, nach welchem Algorithmus Google die Suchergebnisse filtert? Einige Teilnehmer behaupteten darüber etwas zu wissen, diesen hörte man beim Blogcamp aufmerksam zu. Die großen Firmen verabschieden sich von der traditionellen Werbung in Print und Fernsehen, sie setzen bei der Werbung auf Produktblogger. Bei der Heimfahrt herrscht in Judenburg leichtes Schneetreiben.

Wie sich die angespannte Lage um die Stabilität des Euro in der Praxis auswirkt, erlebt man, wenn man in Kroatien zu Besuch ist. Vor zwei Jahren haben die Kroaten ungeduldig darauf gewartet, dass der Euro als Währung eingeführt wird. Dieses Frühjahr gibt es immer weniger Cafés, Boutiquen und Restaurants, in denen man mit Euro bezahlen kann. Nach dem EU-Beitritt von Kroatien bildeten sich zwei *Lager*. Das Zimmermädchen, der Installateur, der Verkäufer befürchten, dass mit Einführung des Euro die Lebensmittel, die Wohnungs- und Energiekosten steigen werden. Die Unternehmer hoffen auf größere Chancen bei den Exporten. Heute fühlen sich viele um ihre einstigen Hoffnungs- und Zukunftsszenarien betrogen und wenden sich von der Europäischen Gemeinschaft ab. Die Beschäftigten in den Dienstleistungsberufen stöhnen darunter, dass die Anforderungen der Manager aus dem Euro-Raum um einiges höher sind, als sie es bis dato gewohnt waren. Vor einem Jahrzehnt versprühte die *einfache* Bevölkerung Aufbruchsstimmung, sie sah in der EU-Mitgliedschaft das gelobte Land. Als Reisende aus einem EU-Staat empfanden wir vieles als gleichwertig. Die Selbstvermarkte, welche ihre landwirtschaftlichen Produkte an der vielbefahrenen Küstenstraße am Straßenrand anbieten, akzeptierten schon vor zehn Jahren den Euro als Zahlungsmittel. Beim Kauf von Kirschen, Marillen, Wein, Schnaps und Olivenöl konnte man mit Euro bezahlen. In manchen Cafés an der Küste von Istrien war damals die Bezahlung mit Euromünzen nicht möglich. Heute vertrauen alle lieber wieder ihrer *alten* Kuna. Beim Besuch eines Weingutes an der istrischen

Weinstraße wurde die Bezahlung der Weinflaschen mit Euro und Bankomatkarte verweigert. Es galt das Motto: *Cash in Kuna.* Reist man als Kärntner nach Istrien, fährt das Gefühl mit, dass sehr viel Geld aus der Hypo-Alpen-Adria-Bank an der Küste im Meer versenkt wurde. Vor Jahrzehnten hat man sich vehement dafür eingesetzt, dass die Karawankengrenze von Jugoslawien nicht in Frage gestellt wird. Einige westliche und östliche Bundesländer wünschen uns Kärntner, wegen der Bundeshaftungen für die Hypo-Kredite, auf den Balkan. Diese vermuten in Kärnten Verhältnisse wie am Balkan, mit denen sie nichts zu tun haben wollen.

Wie das Schicksal in ein Menschenleben eingreifen kann, zeigte ein Verkehrsunfall auf dem Gailtalzubringer. Bei Arnoldstein führt von der Alpen-Adria-Autobahn ein Zubringer durch die Schütt nach Nötsch. Dadurch wurde eine schnelle Straßenverbindung in den Zentralraum von Kärnten geschaffen. Vor dem Bau des Autobahnzubringers hat es in einigen Bürgerversammlungen Diskussionen darüber gegeben, wo die Trasse verlaufen soll. Der Zubringer führt durch ein Naturreservat mit seltenen Pflanzen, Vögeln und Reptilien. Die Gegner des Gailtalzubringers warfen der Landesregierung vor, dass wegen wirtschaftlichen Interessen Biotope und Wildreservate zerstört werden. Massive Befürworter des Gailtalzubringers waren die Tourismusbetriebe in den Schigebieten des oberen Gailtales. Nach dem Bau des Zubringers wurde über der Fahrbahn eine Holzkonstruktion errichtet, der *Sonnenbogen*. Er soll ein Gruß an die einreisenden Touristen sein. Auf dem kurvigen Zubringer ereigneten sich schon einige tödlich Unfälle, mit verschiedenen Ursachen. Einen besonders tragischen Unfall löste in den frühen Morgenstunden ein Lkw-Fahrer aus, der nach dem Abladen von Schotter vergessen hatte, seinen Kipper einzufahren. Er fuhr mit dem hochgestellten Anhänger Richtung Nötsch und streifte dabei den *Sonnenbogen*. Dieser stürzte in sich zusammen und begrub ein Personenauto unter sich, welches in diesem Moment auf der Gegenfahrbahn daherkam. Der Lenker wurde tödlich verletzt. Nach menschlichen Ermessen eigentlich undenkbar. Der *Sonnenbogen* wurde wiederhergestellt.

Im Freundeskreis wird darüber diskutiert, welche feinen Unterschiede es zwischen den Bewohnern der einzelnen Bundesländer in Österreich gibt. Die Bewerber um das Bundespräsidentenamt weisen auf verschiedene positive Eigenarten hin, um bei den Wählern Sympathie zu erwecken. Jeder hört es gerne, wenn seine Vorzüge gelobt werden. Lobt man jemanden, dann kann man sich seiner Zuneigung und seiner Stimme sicher sein. Vorausgesetzt, das Lob ist ehrlich gemeint. Die Vorarlberger werden ob ihres Fleißes und ihres Sparwillens von den Präsidentschaftskandidaten gewürdigt. Tatsache ist, dass in Vorarlberg in vielen Bereichen der Verwaltung gespart wird und im Budget der Krankenkassen Überschüsse erzielt werden. Zum Unmut der Bevölkerung werden diese nach

Wien, in den gemeinsamen Bundeshaushalt, überwiesen. Nicht zufällig bewahren die meisten Vorarlberger Distanz zu den Wiener Behörden und der Wiener Schickeria. Wegen des Berufes verschlägt es junge Menschen von Zeit zu Zeit nach Wien. Dafür gibt man ihnen gute Ratschläge mit auf den Weg, sich von den *Wiener Patzis* nicht verarschen und auf das Eis führen zu lassen. Die Wienneulinge schließen sich bald einem Kreis von Landsleuten, seien es Vorarlberger, Steirer oder Kärntner, an.

II

Das Preisniveau in Vorarlberg bei den Wohnungsmieten, den Gastronomiepreisen und bei den Dienstleistungen der Handwerker ist ein anderer Aspekt. Dabei liegen die Preise zumeist über dem Durchschnitt der anderen Bundesländer. Solche Unterschiede zeigen sich auch bei den Nebensächlichkeiten des Lebens, beim Kauf eines Opferlichtes in einer Kirche. Dieselbe Kerze, um den Dank und die Bitte an die Muttergottes zu unterstreichen, brennt in Kärnten um siebzig Cent, in Vorarlberg um einen Euro. In der öffentlichen Bibliothek, der Mediathek in Villach, kann man um einen symbolischen Beitrag von sechzig Cent einen Cappuccino trinken. Beim *Stöbern* in den Zeitschriften und den Tageszeitungen sitzt man nicht im Trockenen und genießt einen Hauch von Kaffeehaus-Atmosphäre. Bei einem Cappuccino, im Pappbecher serviert, liest sich die *Neue Zürcher Zeitung* angenehmer. Im Haus des Gastes, im Montafon, muss man für denselben Cappuccino einen Euro in den Automaten werfen. Seit dieser Saison stehen dem Gast die Printausgaben der deutschen, schweizerischen und österreichischen Tageszeitungen nicht mehr zur Verfügung. Die Gäste haben die Möglichkeit, die Zeitungen online am Bildschirm zu lesen. Zeichnet sich damit das Ende der Print-Ära ab? Die Liebhaber einer gedruckten Zeitung, welche beim Umblättern der Seiten so schön raschelt, werden zum Bildschirm *gedrängt*. Ist alles eine Kostenfrage oder bewegen wir uns immer stärker auf digitale Zeiten zu? Beides ist wahrscheinlich, man schiebt die Modernisierung vor, wenn Kostenersparnis gewünscht ist. In Europa werden mit dem Argument des Fortschrittes immer noch Arbeitsplätze wegrationalisiert. In der Produktion kennen wir dies schon lange, jetzt immer mehr im Dienstleistungsbereich. Die Arbeiten des Hotelpersonals, im Gesundheitsbereich und im Handel werden als Nächstes digitalisiert. Wird mich in Zukunft in einem Hotel der Computer oder eine nette Rezeptionistin empfangen? Dies könnte einmal ein Kriterium für die Auswahl eines Hotels sein, ob man an der Rezeption von einem Computer oder von einer charmanten Frau oder einem Herrn eingecheckt wird. Ein Kriterium mit mehr Aussagekraft als der Zimmerpreis, die Größe des Spa-Bereiches und kostenloses Wlan.

Seit einer Stunde sitze ich am *Spitz* der Halbinsel von Piran vor einer Kapelle. Von Portoroz bis hierher ist man an der Küstenpromenade eine Stunde unterwegs. Auf einem kleinen unbebauten Streifen stehen zwei Parkbänke, wo sich müde Spaziergänger ausruhen können. Diesen

Platz müssen sich die Ruhebedürftigen mit den parkenden Autos teilen. Die Parkplätze in Piran sind beschränkt und nur wer über eine Parkberechtigung verfügt, darf in die Stadt einfahren. Bei der beschränkten Anzahl von Abstellplätzen ist es nicht verwunderlich, dass die Autos von den Sitzbänken gerade so weit entfernt sind, dass ich die Füße ausstrecken kann. In der Mittagssonne ist der Aufenthalt im Freien, trotz leichten Windes, schon Ende April ein Genuss. Die Freude wird etwas getrübt, da mein Blick nicht das Meer erfasst, sondern das Heckfenster eines Hyundai x20. Nach fünf Minuten nähert sich eine junge Dame dem Hyundai und fährt weg. Damit ist die Sicht auf das Meer frei. Geistesgegenwärtig erkenne ich im nächsten Autofahrer, welcher nach einem freien Parkplatz sucht, eine Gefahr. An der Kirchenmauer stehen ein paar Kegel mit roten Streifen, wie sie beim Sichern eines offenen Kanaldeckels verwendet werden. Einen dieser *verwendungslosen* Kegel ergreife ich und stelle ihn auf den leeren Autoabstellplatz. Mit dieser Aktion sichere ich mir für die Dauer meines Aufenthaltes den ungestörten Meerblick. Mehrmals versuchen Autofahrer hier einzuparken, aber der *Absperrkegel* wird von den Autofahrern respektiert. In der Küstenstadt sind die Sitzgelegenheiten rar, außer in den Cafés und Restaurants. Für einen Platz mit Meerblick ist man fast gezwungen, etwas zu konsumieren. Die dem Meer zugewandte Südseite ist zugepflastert mit Fischrestaurants und Pizzerias. In den Mauernischen befinden sich noch Cafés und mobile Eisverkäufer. Nach dem Spaziergang und dem Genuss von einem Cappuccino freue ich mich darauf, in einer RoRoRo-Monographie über Martin Heidegger zu lesen und den schönen Blick auf das Meer zu genießen. Öffnet sich mir hier am Meer ein anderer Zugang zu den Begriffen Heideggers *vom Entbergen und der Wahrheit*? Mit jedem Wellenschlag zerspringen unzählige Wassertropfen und geben dem *Geist* die Freiheit. Er tritt die Luftherrschaft an und waltet über allen Dingen. Welcher Geist verbreitet sich hier, der des Urmeeres, des Urschöpfers oder des Drachenkopfes?

Oftmals ist es der Portier, den man bei einem Behördenbesuch zuerst begegnet. Viele Jahrzehnte war es üblich – hinter einer Glasscheibe in einer kleinen Kammer sitzend. Zumeist wird man von ihm argwöhnisch taxiert: Wer ist diese Person, welches Anliegen führt ihn hierher? Wer bequem ist, steuert auf ihn zu und bittet um eine Auskunft. Andere machen sich die Mühe und studieren die Hinweistafeln. Die Portierloge, die manchmal auch die Posteinlaufstelle ist, findet man in allen öffentlichen Institutionen wie Krankenhaus, Bezirkshauptmannschaft, Universität, am Landesgericht und in der Landesregierung. Ab einer gewissen Betriebsgröße gibt es diese Institution auch bei Industriebetrieben. Meistens werden die Gesichtszüge des Portiers freundlicher, wenn man einen akademischen Grad besitzt. Davor verneigt man sich in Österreich um *eine Stufe* tiefer. Das Verhalten des Portiers kann darüber entscheiden, ob man die Angst vor dem Amt ablegt und mit Zuversicht den zuständigen Referenten ansteuert.

II

Bei einem Urlaubsaufenthalt in einem Hotel ist es der Portier, in den meisten Fällen aber eine Rezeptionistin, welche für den ersten Eindruck zuständig ist. Beschäftigt die Hotelleitung eine kompetente Person, die Freundlichkeit ausstrahlt, dann geht man mit einem angenehmen Gefühl auf das Zimmer. Die Portiers in den Mittelklassehotels, obwohl geografisch weit voneinander entfernt, können sich sehr ähnlich sein. Die Anzahl der Dienstjahre trägt dazu das ihre bei. Das Auftreten ist durch ihre Uniform imposant. Menschen in Uniform gehören nicht mehr zum Alltäglichen. Ausnahmen sind die Polizisten, die Eisenbahner und die *Bundesheerler*. Der *zweite Blick* trifft den suchenden, den unsicheren Blick des Portiers. Er schwankt, braucht es sein Eingreifen, ist seine Mithilfe erwünscht? Immer den Gedanken im Hinterkopf, er könnte eine Geste des Gastes übersehen oder etwas falsch deuten. Das Auf- und Abschreiten in der Eingangshalle, das ruhelose Umkreisen der Hotellobby, absolvieren die meisten Portiers mit verschränkten Armen und etwas vorgebeugtem Rücken. Je älter sie werden, umso ähnlicher werden sie einander und als Charaktere austauschbar. Sie verlieren, der eine mehr, der andere weniger, ihre persönliche Körpersprache. Der forschende und fragende Blick verändert ihre Gesichtsform, ich würde sagen, dass sich ihr Gesicht *zuspitzt*. Nach langen Dienstjahren sind ihre Mundwinkel zu einem Dauerlächeln erstarrt, ihre Sätze kommen in Phrasen, es gilt in vielerlei Sprachen zu agieren. Mit stolz geschwellter Brust erklären sie dem Gast im Superior Zimmer die Klima- und Heizungsanlage, das Thermostat zur Regulierung der Zimmertemperatur. Gibt es Fragen zur Fernbedienung für das Fernsehen, gilt Ähnliches. Die Erklärung des Zimmertelefons spielt für die älteren Busreisenden noch eine Rolle. Ansonsten hat es nostalgischen Charakter, weil die meisten Gäste mit einem Smartphone anreisen. Die Concierges sind oftmals die ersten und die letzten Menschen, mit denen man im Hotel Kontakt hat. Beim Hotelpersonal sind sie in der Hierarchie *die Letzten*.

Die Österreicher befinden sich im Wahlfieber, der Wahl- kampf für das Amt des Bundespräsidenten befindet sich in der heißen Phase. Für diese Wahl gab es schon eine Ausscheidungsrunde. Von sechs Kandidierenden sind zwei Kandidaten übriggeblieben, diese treten am kom- menden Sonntag zur entscheidenden Stichwahl an. Da entscheidet sich, wer Staatsoberhaupt wird. Bei den letz- ten TV-Auseinandersetzungen gab es zwischen den Kon- trahenten heftige Angriffe auf die Positionen des ande- ren. Beide versuchten, den jeweils anderen in ein schlech- tes Eck zu stellen. Im schlimmsten Fall sahen sie im je- weiligen Gegner eine Gefahr für Österreich. In der Dis- kussion wurden alle Verbindungen zu Parteien, Bur- schenschaften und Weltanschauungen schlechtgemacht. Es ist immer der andere, welcher die Aufgaben eines Bundespräsidenten nicht erfüllen kann. Stimmt ein Teil der Aussagen, dann muss man sich um Österreich Sorgen machen. Beide Bewerber beteuern, dass, ist für Österreich Gefahr in Verzug, würden sie einschreiten. So die Parteichefs und Minister in die Präsidentschafts-kanzlei, prunkvolle Räume aus der Kaiserzeit, einladen und ihnen in das Gewissen reden. Ob gutes Zureden bei Frauen und Männern über fünfzig noch Sinn macht? Die meisten sind in diesem Alter schon auf Schiene. Sie haben ihren Standpunkt und ihre Meinung schon gebildet, da fährt die Eisenbahn darüber. In ganz brenzligen Situation würden die Bewerber bereit sein, die Bundesregierung zu entlassen und Neuwahlen auszuschreiben. Während der letzten Jahrzehnte haben die Bundespräsidenten freundlich aus dem Fernsehen gelächelt und in den Schulen von den Wänden der Klassenzimmer. Bei mir ein freundlicher Adolf Schärf, so habe ich dies in Erinnerung. Die Arbeit der österreichischen Präsidenten war bisher sehr zurückhaltend, jetzt bekunden beide Kandidaten, sie wollen einen aktiven Präsidenten abgeben.

II

Die Schlagzeilen für die beiden Kandidaten, welche für das Amt des Bundespräsidenten kandidieren, sind weniger geworden. Der regierende Bundeskanzler in Österreich hat die Lust am Regieren verloren und alles hingeschmissen. Die Scheinwerfer der Medienwelt haben sich von den Bundespräsidentschaftsanwärtern abgewendet und leuchten dem scheidenden Bundeskanzler nach. Versuchen auszuleuchten, wer der neue Bundeskanzler und Parteivorsitzende der sozialistischen Partei wird. Kaum im Amt, wird er mit einer Fülle von Wünschen überhäuft.

Dem *Neuen* wird alles zugetraut, Reformen in der Verwaltung und Wirtschaft, im Schul- und Pensionswesen. Bei den Medien und den Bürgern läuft alles ab wie immer. Kommt ein *Neuer* an das Staatsruder, erwartet man von ihm ein Feuerwerk an Ideen und Taten, ein Wunder. Nach dem Pfingstfest ist man mit dem Begriff Pfingstwunder schnell bei der Hand. In drei Tagen sind wir aufgerufen, am amtlichen Stimmzettel zur Bundespräsidentenwahl ein *Kreuzerl* zu machen. Inzwischen dürften die meisten Wählerinnen und Wähler ihre Entscheidung getroffen haben. Die Wahl zwischen nur zwei Kandidaten erleichtert die Entscheidung. In geheimer Wahl in einer Wahlzelle, die Umstände öffentlich ein *Kreuzerl* zu machen sind Vergangenheit. Von Hotels, Firmen, Universitäten und von Krankenhäusern werden Kunden und Patienten aufgefordert, ein Feedback zu geben. In der Eingangshalle befanden sich früher zumeist die Gästebücher, dort hat man seine Meinung zu den Leistungen hinterlassen. Die Gästebücher wurden durch Fragebögen zur Kundenzufriedenheit, welche man anonym in einen Briefkasten einwerfen konnte, abgelöst. Im Zeitalter der Social Media kann man seine Bewertung zum Service zumeist online abgeben. Neuerdings kommunizieren die Firmen über eine Kommentarfunktion auf ihrer Webseite mit den Kunden oder über das Netzwerk Facebook. Dort entscheidet jeder selbst, ob er anonym bleibt oder sich persönlich outet. Anachronistisch mutet es an, fordert ein Wellness-Center seine Benützer auf, den Kommentar in einem Protokollbuch einzutragen. Der Betreiber verlautbart die Absicht, die Kommentare geschlossen auf Facebook zu posten. Handelt es sich dabei um ein Missverständnis über die Regeln der Social Media?

Unter dem Begriff *Wunderwelt* können sich Erwachsene kaum etwas vorstellen und nur wenige wollen sich auf unerklärliche Phänomene einlassen. Die meisten bevorzugen die Realität – das, was wir mit den Augen sehen – und sprechen lieber über die täglichen Aufgaben. Für einen Abend lässt man sich bei einem Altstadtfest, wo Gaukler und Schausteller aus allen Ländern Europas ihre Kunststücke darbieten, verzaubern. Zu einem solchen Fest gehören Jongleure, die mit immer mehr Kegeln und in immer schnellerem Tempo jonglieren. Bei Einsetzen der Dämmerung begeistern die Feuerschlucker und locken die meisten Zuseher an. Die Kinder sitzen dabei in einem Halbkreis am Boden und werden von den Schaustellern aufgefordert, mehr Abstand zu halten. Für den Artisten wird es brenzlig, wenn die eine und andere Flamme zu nahe an den Körper kommt. In diese wundersamen Darbietungen taucht man als Realist gerne für eine Weile ein. Auch bei einem Zirkusbesuch gönnt man sich ein paar Stunden Auszeit. Zu den magischen Welten zählen, mit ihren gestählten und biegsamen Körpern, die Vorführungen der Shaolin-Mönche. Andere magische Räume, wie Märchen, Fabeln und Sagen, überlässt man den Kindern.

II

Auf Personen, die einem wirklichkeitsfremd erscheinen, sieht man gerne von oben herab. Sie nennt man Tagträumer und im schlimmsten Fall *Spinner*. Dabei wird gerne übersehen, wie viel Kreativität in solchen Menschen steckt. Wer kreativ ist, muss etwas von der Wirklichkeit verleugnen, Teile der Realität ausklammern. Bei Poeten, Musiker, Maler und Philosophen fehlt zuweilen der Bezug zur Gegenwart, zu den praktischen Dingen im Leben. Im günstigsten Fall wird diese Lücke von der Partnerin, dem Partner ausgeglichen. Bei einem Vortrag im Rahmen des Carinthischen Sommers hat der Philosoph Peter Sloterdijk seinen Vortrag abgebrochen, nachdem eine Glühbirne im Saal explodiert ist. Kleine Hindernisse bei den alltäglichen Aufgaben können eine Störung im kreativen Prozess auslösen. Auch Biologen, Chemiker oder Astronomen ziehen es vor, von der Wirklichkeit abgeschirmt zu forschen, trotzdem sie reale Dinge der Welt erkunden: Pflanzen, chemische Prozesse und Planeten. Wiederholt sind ihre Erkenntnisse für Laien so erstaunlich, dass sie diese zum Reich der Wunder zählen. Ein paradiesischer Zustand ist für mich die Pension. Aus dem Arbeitsleben ausgeschieden, gehe ich keiner geregelten Arbeit nach und kann die Zeit als *Buchhändler in Muße* genießen. Ohne hakeln zu müssen, habe ich ein gesichertes Einkommen. Dabei fühle ich mich in dieser *Wunderwelt* zeitweise unwohl und sehne mich nach der Arbeitswelt zurück.

Privat gehört die Frage, ist diese Anschaffung wirtschaftlich oder kann dieser Mensch gut wirtschaften, zum Leben. Damit befinden wir uns in guter Gesellschaft, weil auf Parteiebene darüber diskutiert wird: Welche wirtschaftlichen Kompetenzen hat der neue Bundeskanzler? Können die neuen Minister in ihren Ressorts gut haushalten? Welche ökonomischen Maßnahmen werden vom Nationalrat beschlossen, um Österreich aus der wirtschaftlichen Rezension zu führen? Was sind die Kriterien für einen wirtschaftlichen, was für einen sparsamen Menschen? Jeder trägt seine Vorstellung von einem häuslichen Menschen in sich. Zumeist können wir uns nicht von unseren Vorstellungen – oder sind es Vorurteile? – lösen. Unsere Vorstellungen sind eine Kopie von uns selbst. Unseren Weg zum Ziel halten wir für den einzig richtigen. Übersehen dabei, dass ein Ort von mehreren Seiten erreichbar ist. Das Beharren auf eine Straße ist das Gegenteil von weitläufig. Erfolgreich wird oft mit einem rücksichtslosen und verhärteten Charakter in Verbindung gebracht. Schnell sind wir mit der Vermutung bei der Hand, dass jemand, der kein kühler Rechner ist, keinen Hafnerbetrieb oder einen Textilhandel wirtschaftlich führen kann. War es jemanden möglich, über mehrere Jahrzehnte einen Kleinbetrieb ohne Sturheit und Härte zu führen, dann sieht man darin die Ausnahme von der Regel. Erfolgreich sein, ohne seine Persönlichkeit zu verstellen. Begeistert sich ein Wirtschaftstreibender für Kunst und Bücher, dann empfinden viele dies als ungewöhnlich im Sinne des Stammtisches. Für Kleinunternehmer unüblich, komisch und merkwürdig. In ihm rumort und phantasiert es, seine Thesen zur Menschheit krude Ideen aus zu vielen Büchern? Zu einem Kaufmann passt dies nach landläufiger Meinung nicht. Gustiert wird eine Kultur, zu deren Genuss man sich *schön macht*, Aufführungen im Schauspielhaus oder im Kongresshaus. Eine Überraschung für alle ist, als er sein kreatives Chaos durch strukturelles Wissen ergänzt. Seine kreativen Ideen in eine universitäre Ordnung einbringt. Regeln für das Verfassen einer Seminararbeit einhält und auf vorhandenen Kenntnisse stufenweise aufbaut. Das Gehörte in bewertbare Texte *gießt*. Er spürt deutlich, wie wenig er weiß, es ist ein Hineinschnuppern in eine andere Welt, ein Orientierungslauf. Denken bedeutet für ihn nichts Abgeschlossenes, sondern einen immer während Prozess. Dieser kann sich beim Schreiben fortwährend weiterentwickeln. Es geht nicht darum recht zu behalten, verschiedene Sichtweisen werden nebeneinandergestellt. Jeder wählt, was ihm weiterhilft, oder zwei Folgerungen zu einer neuen Erkenntnis zusammenführen. Eine Erkenntnis zum jetzigen Zeitpunkt kann in drei Monaten anders aussehen.

Welchen hohen Stellenwert Haustiere in unserer Wohlstandsgesellschaft einnehmen, kann man daran erkennen, dass in allen Supermärkten viele Regalmeter mit Tierfutter gefüllt sind. Auch kleinere Läden verzichten nicht auf dieses Sortiment. Das meiste Angebot an Tiernahrung und Zubehör gibt es für Vögel, Katzen und Hunde. Bei der Qualität gibt es eine große Bandbreite, vom *Billigfutter*, die Eigenmarke der betreffenden Handelskette, bis zum *Qualitätsfutter* aus der TV-Werbung. Die Fernsehwerbung für Tiernahrung wird immer raffinierter: *Geht es dem Haustier gut, dann geht es auch dem Frauerl und dem Herrl gut.* Beim *Frauerl* zeigen sich in der Früh die ersten Sorgenfalten, wenn sich die Katze etwas ungewöhnlich benimmt. Wer kein entspanntes Verhältnis zum Haustier hat, fühlt sich den ganzen Tag unwohl. Wir legen beim Haustier und dem Auto ein ähnliches Verhalten an den Tag. Bei den kleinsten Beschwerden geht man mit der Katze zum Tierarzt, bei einem ungewöhnlichen Geräusch im Motorraum fährt man zum Automechaniker. Über den *Stubentieger* ergießt sich ein Redeschwall: „Was fehlt dir, vermisst Du etwas?" Als Antwort kommt ein vieldeutiges *Miau*. Wird die Katze durch eine Infusion wieder fit, ist man danach selbst auch wieder fitter. Verschlingt die Katze oder der Hund das Futter nicht so gierig wie gewöhnlich, wertet man dies als ein Krankheitszeichen. Dabei unterschätzt man den Gaumen bei den Haustieren, manches Mal verschmähen sie das Fressen, weil sie übersättigt sind. Wie uns schmeckt ihnen zwischendurch das Fastfood-Futter besser als die gesunde Kost vom Tierarzt. Wer annimmt, das Lieblingsfressen bleibt immer dasselbe, der irrt sich. Unerwartet wendet sich die Katze oder der Hund davon enttäuscht ab. Dies schreit nach Abwechslung. Man nimmt an, dass Katzen die Gefühlsschwankungen, Traurigkeit oder Fröhlichkeit, bei ihren Besitzern erkennen und mittragen. Zum Teil wird es von den Tierhaltern so empfunden, dass, fühlt man sich niedergeschlagen und kränklich, die Katze besonders anschmiegsam ist. Ist dieses Empfinden einseitig, unseres?

II

Kürzlich besuchte ich eine neu eröffnete Tierhandlung, dort gab es Kühlregale wie in der Tiefkühlkostabteilung im Supermarkt. Eine *Kühlstrecke*, wo man für die Haustiere unter Spezialitäten wählen konnte. Die Heimtiere werden heutzutage nicht nur mit Fressspezialitäten verwöhnt, in den Möbelhäusern gibt es eigene Abteilungen für Tiermöbel und Zubehör. Der Erwerb eines Designermöbels kann eine *Lücke* in der Brieftasche hinterlassen. Ein Kratzbaum aus Sisal, in Form eines Hundes, von Erik Stehmann gibt es ab € 650, –; eine kuschelige Höhle für die Katze, aus Wolle handgefertigt von Agnes Felt, ab € 90, –. Den Designerfutternapf, die rutschfeste *DogBar* aus Holz mit zwei Edelstahlschüsseln ab € 139, –. Der Versuch, unsere Katzen mit einem *Rascheltunnel* zu beglücken, ist gescheitert. Trotz unser Bemühungen und obwohl Katzen Höhlen lieben, haben sie sich geweigert, den Rascheltunnel zu benützen. Irgendwann ist er in der Mülltonne gelandet. Am liebsten setzen sich die Katzen dorthin, wo frisch geputzt wurde. Egal ob dies die Eckbank im Esszimmer, ein Plateau auf dem Wohnzimmerschrank oder die Couch ist, wo für sie eine Decke und ein Zierpolster warten. Was Katzen alles dürfen und wozu sie gut sind, kann man seit kurzem beim Modeschöpfer Karl Lagerfeld mitverfolgen. Schaut man sich die Fotos der Katze *Choupette* an, dann wirkt sie so, als würde sie sich ihrer besonderen Stellung bewusst sein. Dienlich zur

Werbung und zur Imagebildung des Modeschöpfers. *Choupette* gehört zu den verwöhnten Katzen, dafür sorgen zwei Zofen und ein Bodyguard. Sie wird manikürt und ihre Mahlzeiten werden von einem Haubenkoch zubereitet. Sie kann unter fünf angerichteten Speisen wählen, in ihrem Fall zuerst daran schnuppern. Alles vom Feinsten – Pasteten, Kroketten, Truthahn und manchmal Kaviar. Die schönsten Fotos und die ganze Story von *Choupette* wurden jetzt in einem Buch veröffentlicht.

Der Monte Rossa erhebt sich aus der Ebene bei Abano, ein Berg von etwa hundertachtzig Höhenmetern. Er wird von mir nicht als Berg, sondern als Hügel wahrgenommen, erfordert aber einiges an Kraft beim Aufstieg. Der Steig ist teilweise weggebrochen, die Holzstufen abgerutscht und Erdreich ausgeschwemmt. Der Pfad führt steil bergan und das Dickicht der Sträucher trägt dazu bei, dass ich mich beim Aufstieg unwohl fühle. Kurze Zeit vermutete ich eine Wandergruppe hinter mir, dann wurden die Stimmen immer leiser. Die Gruppe umrundete den Berg, sie *tscherfln* rundum. An diesem Nachmittag bleibe ich hier der einzige Wanderer. Ein großer Krater tut sich am Gipfel auf, dort stand bis vor einem halben Jahr eine große Eiche. Auf der Schautafel, mit Erklärungen zur Natur und Fauna, ist die Eiche noch zu sehen. Die Luft fühlt sich hier flauschig an. Wohin ich schaue blühende Blumen, der Frühling ist in voller Fahrt. Beim Wandern können die Gedanken in meinen Kopf rein werden. Die letzten Monate haben mir gezeigt, dass mit

Ausdauer vieles möglich ist. Bei der Übergabe des Abschlusszeugnisses vom Universitätslehrgang war mir die Freude darüber im Gesicht abzulesen. Ein Beweis, Fantasie ist nichts Haltloses, ein Gegenargument für die allgemeine Meinung von den verrückten Künstlern. Ohne die Freiheit im Denken gäbe es keine *Schlaglochtexte*, die Metapher Schlagloch als Zufall.

II

Ein Kuraufenthalt ist zugleich ein *Entleerungsaufenthalt*. Unter den Kurgästen befinden sich viele Alleinreisende. Überwiegend ältere alleinstehende Frauen, in geringer Zahl ältere Männer. Zu Hause haben nicht alle einen Freundeskreis, einen regelmäßigen Austausch mit anderen Menschen. Ältere Damen legen ab einem bestimmten Zeitpunkt keinen Wert auf Männerbekanntschaften und wenn, dann ist es eine Cappuccino-Partnerschaft. Ein Thermenaufenthalt ist für die meisten die Gelegenheit, sich am Mittagstisch und beim Flanieren in der Fußgängerzone von Abano mit den Mitreisenden auszutauschen. Dabei schildert man die vielerlei Unpässlichkeiten, welche man im Laufe des Lebens erfahren hat. Begebenheiten aus dem Eheleben. Für eine breite Schicht der älteren Frauen war dies eine Zeit der Unterwerfung. Dazumal war man den Willkürakten der Ehemänner ausgeliefert. Diese Erlebnisse werden immer wieder auf das Neue erzählt, diese Zerwürfnisse lösen sich nicht wie eine Brausetablette im Thermalwasser auf. Für die Zuhörer besteht eine Variante damit umzugehen darin, das Erzählte nicht zu nahe an sich heranzulassen. Es ist gut, eigene positive

Erlebnisse gegenüberzustellen. Nachzufragen, wann die Abläufe sich zugetragen haben, um sie zeitlich einzuordnen. Passierte dies vor dreißig, vor fünfzig oder vor sechzig Jahren? Damit kann man die Vorkommnisse in einen gesellschaftlichen und geschichtlichen Kontext einbetten. Für das Wohlbefinden im Urlaub ist neben dem Essen ein wesentlicher Faktor das Wetter. Unsere Generation ist eine Schönwettergeneration, keine Allwettergeneration. Bei schlechtem Wetter trübt sich die Urlaubsstimmung ein. Auf der Terrasse vom Kloster San Daniele in Monte am Mittwochnachmittag zu sitzen, freut mich. Von da blicke ich auf den blumenübersäten Klostergarten. Davor habe ich in der Klosterkirche dem Stundengebet der Klosterschwestern gelauscht. Man hört sie beten und singen, sieht sie aber nicht, sie sitzen im Chorgestühl in einem toten Winkel.

Juni

Des Öfteren wird darüber geklagt, dass Versicherungen nicht immer das Wohl der Kunden im Sinn haben. Sie sind mehr an einem Gewinn für die Aktionäre und die Errichtung von Prunkbauten interessiert und haben das ihre zu der Finanzkrise beigetragen. Diesmal möchte ich auf eine Studie, welche gesundheitlichen Auswirkungen eine Lebensversicherung hat, hinweisen. Eine Lebensversicherung dient auch zur finanziellen Absicherung für jemanden, der Schulden vom Hausbauen hat. Vielfach hängt es von einer Person ab, ob die Schulden abgebaut werden können. Mitunter sind die Lebensversicherungen mit einer Invaliditätsrente gekoppelt. So wird für einen eventuellen Tod wie auch für eine Invalidität des Schuldners finanziell vorgesorgt. Obige Studie hat festgestellt, dass Lebensversicherungen, heute nennt man sie Ablebens- oder Erlebensversicherungen, bei den meisten Versicherten lebensverlängernd wirken. Die Versicherungsnehmer bemühen sich, die Ausschüttung ihrer Versicherung zu erleben. Es tritt der bekannte Placeboeffekt ein. Zum anderem werden Lebensversicherungen, wenn nicht aus genannten Gründen, deshalb abgeschlossen, um im Alter ein finanzielles Polster zu haben. Um sich sodann das eine und andere Vergnügen zu leisten. Die Studie spricht der Erlebensversicherung denselben Placeboeffekt zu, wie wir es von Tabletten kennen, die keinen Wirkstoff enthalten.

In einer Anekdote wurde Folgendes erzählt: Auf die Frage, warum er sich von seiner Frau noch nicht getrennt hat, sagte der Mann, sie können sich bei einer Trennung nicht einigen, wer den Hund zugesprochen bekommt. Das Schweizer Zivil- und Konkursrecht wurde kürzlich an die Gegebenheit, dass Haustiere keine *Sache* sind, angepasst. Gibt es bei einer Trennung unter den Partnern keinen Konsens, wem die Katze oder der Hund zugesprochen wird, dann entscheidet der Scheidungsrichter nach folgenden Kriterien: Wer von den Scheidungswilligen kann dem Haustier eine tiergerechte Haltung bieten? Der andere Partner muss für das Haustier Unterhaltszahlungen leisten. Wie im menschlichen Fall ist diese Unterhaltszahlung bei Schulden nicht pfändbar. Gleich wie bei Scheidungskindern kann der andere Partner verlangen, dass er für das Haustier ein Besuchsrecht bekommt. Die große Sorge von kränklichen, älteren Menschen besteht darin, wer pflegt und füttert, müssten sie in ein Krankenhaus oder ein Pflegeheim, ihre Katze oder den Hund? Die Sorge um ihr geliebtes Tier mobilisiert gerade ältere Menschen. Mit ihren ganzen Kraftreserven kämpfen sie dafür, dass sie in ihrer angestammten Wohnung bleiben können. In der Schweiz kann man in seinem Testament die Erben verpflichten, dass sie für das Haustier bei sich oder bei Dritten eine artgerechte Unterkunft bereitstellen. Weiters, dass ein Teil der Erbschaft für das Fressen und die Pflege der vorhandenen Haustiere zu verwenden ist. Ist man ein Haustier in einem gut situierten Schweizer Haushalt, dann kann man es positiv sehen: *auf den Hund gekommen.*

Beim Verlauf von manchen alltäglichen Dingen ist man geneigt zu sagen: „Dies darf nicht wahr sein." Auch wenn es nur einen Randbereich des Alltagslebens betrifft. In Österreich besteht die Pflicht, das Radio bei der Rundfunkbehörde anzumelden. Wechselt man den Wohnort, so ist dies der Rundfunkbehörde zu melden. Bleibt die *alte* Postadresse bestehen, hat man zwei Adressen. Dies bedeutet aber nicht, dass man zwei Rundfunkgeräte betreibt. In einem Telefonat mit dem Sachbearbeiter von der Rundfunkbehörde ist es mir nicht möglich, diese Variante zu erklären. Für das Amt bedeuten zwei Adressen zwei Rundfunkgeräte und doppelte Rundfunkgebühren. Trotz derselben Sprache konnte man sich darüber nicht verständigen. Die Folge: Es wird ein neues Anmeldeformular zugesandt. In manchen Situationen ist es einfacher, mit jemanden zu kommunizieren, der nicht dieselbe Sprache spricht. Dabei gibt es die Möglichkeit, dass man sich mit einem Lächeln, einem Kopfnicken oder mit dem Gestikulieren von Händen und Füßen verständigen kann.

Die Astrophysikerin Kaltenegger verkündete in einem Interview, die Temperaturen auf der Erde werden stetig steigen und in soundso vielen Milliarden Jahren wird es unerträglich heiß sein. Menschliches Leben wird dadurch, wie wir es heute kennen, unmöglich sein. Können wir heute dagegen Vorkehrungen treffen, welche Konsequenzen hat diese Information für mich? Soll ich mich um Generationen sorgen, welche in soundso vielen Millionen Jahren leben werden, ist dies sinnvoll? Wie wird in

Millionen Jahren Leben definiert, wird es noch menschliche Lebewesen wie du und ich geben? Was wird man dann unter einem Menschen verstehen: dieselbe bewegliche Muskelmasse, wie wir sie kennen, oder sind wir eine Art Fleischstumpen mit Gehirnzellen? Sind wir dann eine Existenz, die ohne Nahrung auskommt, die Sonnenstrahlen in Lebensenergie umwandelt? Dagegen wird uns die jetzige Solartechnik wie die Steinzeit erscheinen. Dazu können wir uns mit Lichtgeschwindigkeit durch das Universum bewegen, ohne dass es eine Infrastruktur wie die Raumfahrt bedarf. Keine stationären Wohnungen, Arbeitsplätze und Supermärkte, keine mühsame Landwirtschaft. Worin werden wir unseren Daseinssinn in ferner Zukunft sehen, wenn unsere heutigen Strukturen nicht mehr gewartet werden müssen? Wie funktioniert eine Gemeinschaft und zu welchem Zweck, wenn jeder Einzelne transzendent und transmobil im ganzen Universum unterwegs sein kann? Müssen wir die Tatsache, dass die Sonne in ferner Zeit explodieren und unser blauer Planet verglühen wird, als Gottesplan annehmen? Schon Millionen Jahre vorher wird sich der Mensch als Geschöpf völlig verändert haben, trifft dann für uns die Botschaft der Bibel noch zu? *Hingeknallt* in ein Leben ohne geschlechtliche Liebe, automatisierter Fortpflanzung und ohne Geschichtsbewusstsein. Was passiert mit den Tieren, hinken sie unseren biologischen Veränderungen hinterher oder ziehen sie nach? Welchen intellektuellen Zustand werden sie erreichen? Die Vorstellungen über unsere Lebensart reichen gerade einmal dreißig, maximal fünfzig Jahre in die Zukunft. Dabei gehen wir von unserem jetzigen Aussehen und geistigem Entwicklungsstand aus. Wenige forschen über die Zeit nach dem Homo sapiens. Wie lange wird es uns in unserer Art noch geben? Auf was wird die Generation Null nach dem Homosapiens Bezug nehmen?

Meine Gedanken kreisen um die Möglichkeit, wie es wäre, könnte ich als nächstes Auto ein *Google Driverless Car* kaufen. Würde ich es zulassen, neben dem Lenkrad Platz zu nehmen und dem Computer die Steuerung des Autos zu überlassen? Es ist vorgesehen, dass in weiterer Folge das Lenkrad im Auto überhaupt fehlen wird und die Fahrgäste einander gegenübersitzen. So wie im Eisenbahnwaggon, wo man sich während der Fahrt bequem mit dem Visavis unterhalten kann. Ob ich mich dabei wohlfühlen würde? – ich weiß es nicht. Beim Auto habe ich mich an manche technische Neuheit gewöhnt, wie die automatische Feststellbremse anstatt der mechanischen Handbremse. In den ersten Monaten habe ich diese Funktion vorsichtig beäugt und aufmerksam geprüft. Manchmal bin ich gegenüber dem technischen Fortschritt argwöhnisch. Funktioniert die automatische Feststellbremse auch auf einer stark abfallenden Straße oder einem Parkplatz? Es gibt Orte, wo ich früher, so beim Parken am Politzner Berg, beim Aussteigen nochmals kontrolliert habe, ob die Handbremse richtig eingerastet war. Zusätzlich habe ich unter die Vorderräder einen extra großen Stein geschoben. Inzwischen finde ich es bequem, dass die Handbremse automatisch fixiert wird und ich mich um nichts zu kümmern brauche. Von einer Bekannten kenne ich es anders. Diese hat beim Kauf von einem VW-Tiguan darauf bestanden, dass ihr Auto mit einer mechanischen Handbremse ausgeliefert wird. Serienmäßig ist eine automatische Feststellbremse vorgesehen. Sie ist beim Rückwärtsfahren, im Vertrauen auf die Sensoren, gegen einen Grenzpfosten gestoßen. Das Rücklicht wurde dabei beschädigt. Wer daran schuld war, die Sensoren oder die Lenkerin, ist offen. Beim Einparken in der Stadt wünsche ich mir, mein Citroën hätte eine automatische Parkhilfe. Das Auto könnte auch in schmale Parklücken von selbst einparken. Wahrscheinlich hätte ich dabei die ersten Male ein mulmiges Gefühl.

II

Als Passagier in einem Pkw oder Autobus zeigt sich, ob man bereit ist, sich einem fremden Menschen anzuvertrauen. Für mich bedeutet es keine Überwindung, in einen öffentlichen Nahverkehrs- oder Reisebus einzusteigen und mich den Fahrkünsten des Chauffeurs zu überlassen. Ich erwarte, dass ein Berufskraftfahrer das nötige Verantwortungsgefühl und auch die Routine hat, um seine Fahrgäste sicher an den Zielort zu bringen. Beim Autofahren kann einem selbst, genauso wie dem Buschauffeur, etwas Unvorhersehbares zustoßen. Unter den Bekannten gibt es einige, welche sich grundsätzlich weigern, in einen Reisebus oder in ein Taxi einzusteigen. Sie fahren auch mit niemandem aus dem Freundeskreis mit, sie verlassen sich nur auf ihre eigenen Fahrkünste.

Alle anderen Verkehrsteilnehmer halten sie für schlechte Autofahrer. Diese Einstellung wirft eine aufschlussreiche Sicht auf ihr Wesen. Die elektronische Zentralverriegelung ist eine weitere Bequemlichkeit, mit der uns die moderne Autotechnik seit Langem verwöhnt. Es gibt Autofahrer, die von dieser Errungenschaft der Autoindustrie nicht überzeugt sind. Dies erlebte ich in einer Klagenfurter Tiefgarage, nach dem Abstellen meines Autos und dem Drücken der Zentralverriegelung. Ich sah, wie nebenan ein Autofahrer jede Türe bei seinem Fahrzeug kontrollierte, ob sie versperrt war. Zusätzlich überprüfte er alle Autoscheiben ob sie geschlossen waren. Er muss meinen verwunderten Blick bemerkt haben und erklärte von sich aus: Er gehört zur *alten Schule* und vertraut der elektronischen Zentralverriegelung nicht. Vor kurzem hat er in der Zeitung gelesen, dass es Autodiebe gibt, welche in den Parkhäusern versuchen, mit Störsendern die Zentralverriegelung auszuhebeln. Danach entwenden sie das Auto. Diesem Treiben versucht er vorzubeugen. Andere technische Innovationen wie die elektronische Klimaanlage, die Servolenkung und die Bremskraftverstärker sowie die Berganfahrtshilfe und der Spurassistent, eingebaut auch bei Mittelklasseautos, erleichtern uns allen das Autofahren.

Oftmals wird von Politikern und Journalisten, wollen sie zu einem Thema die Stimmung in der Bevölkerung wiedergeben, die Meinung eines Taxifahrers zitiert. Aufgrund ihrer Tätigkeit kommen sie mit vielen Menschen in

Kontakt und die Fahrt im Taxi stimuliert manche zum Plaudern. Für Reisende, die mit der Eisenbahn in einer Stadt ankommen, ist der Taxifahrer oftmals der erste Mensch, mit dem sie Kontakt haben. Die Aussagen der Taxifahrer gelten als Stimmungsbarometer, was sich die Bevölkerung, der sogenannte *kleine Mann* – die Formel die *kleine Frau* wird ja kaum verwendet – über die Politiker denkt. Zu einem Regierungsvorhaben wie der Steuer- und der Pensionsreform, zur Bewältigung der Flüchtlingskrise oder zu einem Bauprojekt in der Innenstadt. Die Themen lassen sich internationalisieren – was weiß der Taxler über die Griechenlandhilfe oder über die Gefahren, die vom Islamischen Staat ausgehen, zu berichten? Die Taxifahrer und immer öfter die Taxifahrerinnen sind Sammler bzw. Sammlerinnen von Meinungen. Während der Fahrt sprechen sich die Kunden bei ihnen aus, zumeist dürfte es ein *Ausschimpfen* über unhaltbare Zustände in der Stadt sein. Etwas, worüber man sich maßlos aufgeregt hat, oder etwas, was einem total gegen den Strich geht. Genauso, wenn von der Regierung neue Steuern geplant sind oder Steuergelder zur Bankenrettung ausgegeben werden. Umgekehrt hört man von den Taxilenkern während der Fahrt Unmutsäußerungen, gibt es in der Stadt Baustellen mit Umleitungen; wenn von den Stadtvätern *Share-Zonen* in der Innenstadt verordnet werden, neue Radfahrwege und Einbahnregelungen kommen. Von alldem sind die Taxler am meisten betroffen – dem Volk *aufs Maul g'schaut.*

Kommt es bei einer Taxifahrt zu dramatischen Vorfällen, dann dringt dies in die Öffentlichkeit. Die Fahrer erzählen, was sie alles mit ihren Kunden erleben. Unter den Tisch fallen die Erfahrungen, welche die Kunden mit den Taxifahrern machen. Mit zwei Koffern sind wir am Sonnabend mit dem ICE am Bahnhof in Prag angekommen. Unser Hotel befand sich etwa geschätzte zehn Fahrminuten vom Bahnhof entfernt. Am Bahnsteig folgten wir den Hinweisschildern zum Taxistand. Von der Eingangshalle führte links ein Ausgang zu den Taxis. Hier parkten etwa sechs bis acht Taxis älterer Bauart, alle in gelber Farbe. Sofort näherte sich uns eine Person, der wir die Hoteladresse zeigten. *Deutsch* und eine andere Person eilte herbei. Bei der Frage nach dem Preis zückte der Fahrer aus der Hosentasche eine Preisliste, mit verschiedenen Preisen. Er zeigte auf € 25, –; kein Taxi besaß einen Gebührenzähler. Meiner Erfahrung nach schätzte ich die Entfernung mit einer Gebühr von zehn bis zwölf Euro ein. Ich machte ihm klar, dies wäre viel zu teuer. Er versuchte es noch einmal und zeigte auf € 20, –. Wieder lehnte ich ab und es kam ein dritter Herr. Dieser fragte, was ich bereit bin zu zahlen? Ich wollte nicht unverschämt sein und sagte € 15, – für zwei Personen. Er sagte, dies sei ok und winkte einem Kollegen, der sich *wutentbrannt* an das Steuer setzte. Mit dem klapprigen Opel rasten wir wie die Feuerwehr durch die Stadt. Das Rot der Verkehrsampeln ignorierte er und die Kurven wurden geschnitten. Der Umstand, dass um diese Uhrzeit die Straßen kaum befahren waren, verhinderte wohl das Schlimmste. Ich tröstete mich damit, dass die Fahrt bald zu Ende sein wird, sie dauerte gerade mal fünf Minuten. Bei der Abreise organisierte uns das Hotel ein Taxi. Es kam ein neuer Mercedes Van, wo wir uns wie im Wohnzimmer auf zwei Couches gegenübersaßen. Der Fahrpreis vom Hotel zum Bahnhof betrug € 10, –. Während der Zugfahrt blätterte ich noch einmal im Reiseführer, dort wurde vor den *Wucherpreisen* der tschechischen Taxifahrer gewarnt.

Was macht mein Leben sinnvoll, war es bis jetzt sinnvoll? Ist es schon zu spät, etwas Sinnvolles zu tun? Menschen, die in die Jahre gekommen sind, sehen sich mit solchen und ähnlichen Fragen konfrontiert. Es gibt dafür keine Richtlinien, so kann man auch nicht beurteilen, ob das Leben eines Freundes oder einer Freundin sinnvoll war. Bestenfalls kann man sein Leben beurteilen, im weitesten Fall über die Wirkung verschiedener Vorkommnisse und Einschnitte spekulieren. Ähnlichkeiten mit anderen wird es in gesundheitlichen Belangen geben, hier betrifft es wesensverwandte Beschwerden. Betrachten wir die Abnützungen bei den Knie- und Hüftgelenken, ein weit verbreitetes Leiden der Generation sechzig plus. Bei Landfrauen werden die Kniegelenke durch die Garten- und Feldarbeit stark abgenützt. Auch einige Handwerksberufe wie Fliesenleger und Tischler leiden in den späteren Jahren unter der Abnützung des Kniegelenkes. Mit einer übergewichtigen Statur kommt eine weitere Belastung hinzu. Ich habe die Erfahrung gemacht, dass Ärzte welche selbst ein wenig füllig sind, das Übergewicht nicht als eine zusätzliche Belastung für das Kniegelenk sehen. Oft stellt sich die Frage: *Wie sinnvoll ist es, ein Kniegelenk durch ein Kunstgelenk zu ersetzen?* Welche Möglichkeiten der Rehabilitation gibt es? Bei Menschen vor dem Pensionsantritt gibt es darüber Diskussionen. In der Anhebung des Pensionsantrittsalters sehen manche eine Ähnlichkeit mit der Spielzeitverlängerung bei einem Fußballspiel. Die eine Mannschaft sieht in der Verlängerung eine Chance, etwas an Toren aufzuholen, die andere Mannschaft sieht in der Verlängerung eine Bedrohung. Dabei könnten errungene Punkte wieder verloren gehen.

II

Differenziert betrachtet man Operationen im lebenserhaltenden Bereich bei über Achtzigjährigen, wie bei Herzrhythmusstörungen. Vor dem Einsetzen eines Herzschrittmachers oder einer neuen Herzklappe wird die Frage gestellt: Zahlt sich eine solche aufwendige Operation noch aus? Darüber kann man unter den Altersgenossen unterschiedliche Auffassungen antreffen. Eine Meinung ist, diese Operation rentiert sich wirtschaftlich nicht, da ein Senior keine wirtschaftliche Leistung mehr erbringt. Die Kosten der Operation kann er nicht wieder wettmachen. Bei einem berufstätigen Menschen geht man davon aus, dass die Kosten von ihm durch sein Steueraufkommen bezahlt werden. Bei einem Achtzigjährigen könnte es sein, dass er mit der neuen Herzklappe gerade noch einmal zwei oder drei Jahre lebt. War diese Operation in diesem Fall sinnvoll, hatte er sein Leben nicht schon gelebt? Gibt es die Möglichkeit, einen Gesundheitskanon festzulegen, welche medizinischen Eingriffe ab einem bestimmten Lebensalter abzulehnen sind? Sollte in den nächsten Jahrzehnten ein willkürlicher *Lebensschnitt* gemacht werden, weil wir es mit einer älter werdenden Gesellschaft zu tun haben werden?

Abgesehen von medizinischen Aspekten gibt es Gespräche darüber, ist es sinnvoll, dass sich ältere Menschen geistig fit halten? Soll es möglich sein, dass sie ein Studium oder einen Universitätslehrgang besuchen und bedeutet dies eine Blockade für den Unibetrieb? Im Hörsaal ein Sesselfüller, ein Platz weniger für einen Studenten, der einen Beruf anstrebt? Somit finanziell etwas in den Staatshaushalt einbringen wird. Beim *Senior Studium Liberale* an der Uni Klagenfurt geht es um den humanistischen Ansatz, um eine Allgemeinbildung auf Universitätsniveau. Für mich war es nach dem Berufsleben ein Gewinn. Während des Arbeitslebens war ein *Bildungsstandbein* unmöglich. Die Ausnahme waren berufliche Fortbildungsseminare, alles auf die Berufs- und Geschäftsoptimierung ausgerichtet. Wohltuend habe ich beim *Senior Studium Liberale* empfunden, dass nicht der wirtschaftliche Erfolg zählt, die geistigen Erfolgserlebnisse standen im Fokus. Über Jahrhunderte wurde Gott, Jesus und die Auferstehung verkündet und plötzlich wird dies in der Jetztzeit in Frage gestellt. Von einigen wurde manches schon immer in Frage gestellt. Bei der Sinnfrage kriselt es auch bei gläubigen Menschen. Ihnen wird der Sinn des Lebens immer wieder nahelegt. Für einen Gläubigen bedeutet dies, an einen Gott, an die Auferstehung und ein Weiterleben nach dem Tod zu glauben. Erfahren Theologen und Priester, welche diese Glaubenswahrheiten verbreiten, im späten Alter eine Glaubenskrise, dann können die Auswirkungen dramatisch sein. Über ihre Glaubenszweifel äußern sie sich im Freundeskreis und versuchen irgendwo Halt zu finden. Über Jahrzehnte haben sie sich mit Eifer und aus Überzeugung diesen Fragen gewidmet und dann entkommt ihnen ein Hilferuf aus tiefster Seele: „Es kann ja nicht nichts sein, irgendetwas muss an den Überlieferungen ja wahr sein."

Um für die Besucher attraktiv zu bleiben, gibt es von der *Kärnten Therme* eine Reihe von speziellen Angeboten. Ihr größter Vorteil ist die Alleinstellung in Mittelkärnten, die leichte Erreichbarkeit für die Einheimischen sowie für die Italiener aus dem oberitalienischem Raum. Berücksichtigt man die Vielfalt von Thermen in der Steiermark, in Ungarn und Slowenien, ist es erstaunlich, dass man in den Bemühungen, eine neue Therme zu errichten, nicht nachgelassen hat. Wie in vielen Lebensbereichen bedarf es zum guten Leben nicht einer großmächtigen Zentralisierung, sondern einer Dezentralisierung. Dies bedeutet für einen großen Teil der Bevölkerung ein Mehr an Lebensgenuss statt Lebensverdruss. Wer das *Weite* sucht, kann dies mit den Busreisen, welche regelmäßig in die

Thermen von Slowenien, Ungarn oder nach Abano fahren, tun. In der *Kärnten Therme* gibt es Angebote für Kindergeburtstage, günstige Eintrittspreise für Familien, Tickets für Kurzbadezeiten und einen Seniorentag. Dafür macht nicht eine junge barbusige Frau im Bikini Reklame, sondern eine Frau, der man das Alter im Gesicht und am Körper ansieht. Am *Seniorendonnerstag* erhalten die Pensionisten mit dem Eintritt einen Gutschein für den Mittagsteller. Dies lockt eine spezielle Gruppe von Senioren an, weil der Mittagsteller *reichlich* ist. Wer keinen Einspruch erhebt, bekommt auf jeden Fall zwei Stück faschierte Laibchen oder zwei Stück Championschnitzel und dazu *fürstliche* Beilagen. Die meisten Pensionisten stimmen, wenn sie gefragt werden, ob sie zwei Stück auf den Teller haben wollen, zu. Gut und viel essen gehört zu den letzten Genüssen des Alters. Oft isst dabei das schlechte Gewissen mit, weil das Körpergewicht zunimmt und die Cholesterinwerte steigen. Schon mancher hat sich mit dem Gedanken getröstet, lieber jetzt ein deftiges Mittagessen, bevor es mir vom Arzt verboten wird. Gleich wie bei den Tieren sollte man die Senioren beim Essen nicht stören.

II

Die preiswerten Arrangements in den Hotels erstrecken sich zumeist über vier Tage, von Montag bis Donnerstag. Bei einem Tagesausflug, mehr noch bei einer Seniorenreise, spielt das üppige Essen eine wesentliche Rolle. Zudem muss man den Hotels in Oberitalien ein Kompliment machen. Auch im mittleren *Sternebereich* ist das Essen vorzüglich und reichlich. So haben sie die meisten Gäste gleich auf ihrer Seite. Dies beginnt beim Frühstück mit einem guten Cappuccino. Bei Halbpension verfällt man als Senior dem Laster, dass man in den ersten Tagen beim Abendbuffet zu viel isst. Das reichliche Essen stört die Nachtruhe empfindlich. Zum Schrecken der Partnerin lange ich in den ersten Tagen am Buffet kräftig zu. Damit könnte bei den anderen Hotelgästen der Eindruck entstehen, wir hätten zu Hause nichts zum Essen. Danach pendelt sich mein Bedarf ein, um zwei Tage vor der Heimreise sprunghaft anzusteigen. Mit Schaudern wendet sich die Freundin ab und klärt mich darüber auf, dass wir zu Hause nicht hungern müssen. Ich mache die Beobachtung, dass unsere Wohnungskatze Undine einem ähnlichen Rhythmus folgt. Hole ich die Reisekoffer aus dem Keller, dann streift sie ständig um meine Füße, miaut und geht mit erhobenem Schwanz voraus in die Küche. Vor der Tür, wo sich das Katzenfutter befindet, bleibt sie stehen und kratzt mit der Pfote daran. Kommen wir nach Hause, weicht sie die nächsten Tage nicht von meiner Seite und verlangt ständig etwas zum Fressen.

Der Wahlkampf in Österreich, sei es für Landtags-oder Nationalratswahlen, ist mit Turbulenzen und Versprechungen verbunden. Mein Eindruck ist, in keinem anderen Staat in Europa wird so vehement versucht die anderen Parteien, die anderen Kandidaten zu diskriminieren.

Zumeist spricht man nicht davon, was man kann und wofür man steht, sondern informiert die Öffentlichkeit bei TV-Diskussionsrunden darüber, was die anderen Parteien, die anderen Kandidaten, nicht können. Die Vernaderung erreicht in den Onlineforen der Tageszeitungen, in den Internetforen wie Facebook neue Abgründe. Bei den Untergriffen gibt es keinen Unterschied, ob die Postings von Personen, die für links stehen, oder von solchen, die für rechts stehen, kommen. Die Linken halten sich für die besseren Menschen, die Rechten für die Stimme des Volkes. Führt eine linke Gesellschaftsordnung allein zur Gleichbehandlung und Sozialisierung der breiten Masse? Die Klassenfeinde der Linken sind zuallererst die rechten Ideologen und die Kapitalisten. Wer die Kapitalisten sind und ab welcher Einkommenshöhe man ein Kapitalist ist, bleibt zumeist undefiniert. Wahrscheinlich jeder, der mehr besitzt und mehr verdient als man selbst. In der Politik geht es immer darum, das Geld der anderen zu verteilen. Dieses Modell funktioniert so lange, wie Geld zum Verteilen da ist, aber was passiert danach? Zumeist passiert dies, wie man es im letzten Jahrhundert in linken Volksdemokratien erlebt hat: Die breite Masse der Bevölkerung verarmt und die obersten linken Funktionäre frönen einem aufwendigen Lebensstil. Hinzu kommt Freunderlwirtschaft und Korruption. Darin zeigt das Machtstreben nach linken Maximen ihr wahres Gesicht. Zuvor wurden die Geldreserven der anderen aufs Großzügigste verteilt. Das Menschenbild der Rechten setzt das Spektrum, wer zu den achtbaren Menschen zählt, eng an. Man strebt ein Volk an, welches genetisch rein ist; unter seinesgleichen heiratet und keinerlei Zuzug oder Migration duldet. Beim verengten Sehfeld übersieht man, dass in den vergangenen Jahrhunderten die Völker durch fremde Stämme überrannt, besiegt oder assimiliert wurden. Die Staatsgebilde waren in der Vergangenheit größer, die Staaten ein Gemisch von verschiedenen Nationen. Diese Durchmischung, welche sich zumeist als produktiv und anregend erwiesen hat, wird von den Rechten abgelehnt. Für einen längeren Zeitraum die Zuwanderung und den Austausch zwischen den verschiedenen Kulturen zu stoppen, hätte ein Aushungern der Kreativität und der Weiterentwicklung von sozialen Wertvorstellungen zur Folge.

II

In der Gesellschaft besteht die Sehnsucht nach einem Mittelweg, der nicht immer erfüllt werden kann. Dies bedeutet einen Kompromiss. Dazu fällt mir die Haltung *liberal* ein. Eine Lebenseinstellung, bei der jeder seine Werte entwickeln und leben kann. Dazu muss es für jedes Grenzen und Vorschriften geben. Nirgendwo könnte mehr Unheil entstehen, als wenn eine Volksgemeinschaft ohne Gesetze zusammenlebt. Dort gilt das Faustrecht. Das Faustrecht zeitigt in den ersten Kapiteln der Bibel verehrende Folgen. Gott fragte Kain: „Wo ist dein Bruder Abel?" Kain antwortet: „Bin ich der Hüter meines Bruders?" Eine Gesellschaft ohne gesetzliche Regeln und gegenseitige Verantwortung ist undenkbar. Um die Mitte zu finden, variieren wir in einer Demokratie zwischen rechts und links. Unerwünscht sind die linken und rechten *Apostel*, die in den anderen die Ungläubigen sehen, diese zum wahren Glauben bekehren wollen. Welche Folgen Missionierungen anrichten, ob von Christen oder von Muslimen, zeigte sich in der Vergangenheit und in der Gegenwart. Bei der Christianisierung Südamerikas und bei der Radikalisierung von Muslimen. Eine Folge sind die Selbstmordattentäter. Diese verbreiten ihren Schrecken im Nahen Osten, in Europa und in Amerika. Zur Einwanderung gibt es den Vorschlag, diese sollte in einem ausgewogenen, um nicht zu sagen in einem gesunden Verhältnis zur Bevölkerung stattfinden. Die Vorstellung von gesund ist in der Medizin, besonders in der Ethik umstritten. Wer den Begriff gesund definiert, nimmt eine Monopolstellung ein. Alles, was außerhalb dieser Definition steht, wird außerhalb der Gemeinschaft angesiedelt. So werden Gruppen geschaffen, Grenzen gezogen und Personen ausgrenzt.

III

Von der Philosophie, der Soziologie und der Politik kommen für die Menschen Anleitungen für einen goldenen Mittelweg. Liegt er darin, dass sich alle im Staat wohlfühlen, obwohl die Menschen in der Art verschieden sind? Sind Kompromisse die Zauberformel oder sind es Bremsen, die den sozialen und gesellschaftlichen Fortschritt blockieren? So ergehen sich Politiker vor einer Wahl in neuen alten Phrasen. Es gibt eine Ankündigungspolitik, welche Sachverhalte man verbessern, reformieren und auf neue Beine stellen will. Dieses Ritual wiederholt sich

vor jeder Wahl, auf Gemeinde-, Landes- und Bundes-
ebene. Die strahlenden Wahlsieger treten vor die Verlie-
rer und es kommt die Ansage, was sie ändern werden.
Handelt es sich um dieselben Parteien, welche vorher re-
giert haben, stellen die Wähler die Frage, warum diese
Veränderungen nicht in der vergangenen Regierungspe-
riode passiert sind. Die vordringlichen Probleme bei Beschäftigung, Bildung und Absicherung der Altersvor-
sorge. Der Bürger ärgert sich darüber – dieselben Versprechungen hat er schon vor fünf und vor zehn Jahren
gehört und miterlebt –, wie diese Versprechungen ver-
pufften. Spannend sind manche Wahlabende ob des
knappen Resultats, umso betroffener ist man, dass man
wieder mit den alten Ritualen konfrontiert wird. Österreichs Politiker betreiben ein doppeltes Spiel. Einige Ver-
treter Österreichs stimmen in Brüssel, in den Gremien
der EU, anders ab, als sie es den Österreichern versprochen haben. Sie wiegen uns in einer Wohlfühlphase, die
Wünsche Österreichs werden in Brüssel stark vertreten.
Dabei beugt man sich bei den Unions-Abstimmungen
dem allgemeinen Mainstream. Kommt es zu einer Nachfrage, wie unsere Wünsche in der EU umgesetzt wurden,
dann erhält den *Schwarzen Peter* die Lobby in Brüssel oder
die mächtigeren EU-Staaten. Die Optimisten hoffen,
dass sich dies einmal ändern wird, die Pessimisten sagen,
es bleibt alles beim Alten, die Mitte sagt: *Packen wir es an.*

Wie unkontrolliert die unter Vierzehnjährigen mit dem Smartphone, dem Internet und den Social Media umgehen, ist bedenklich. Wer es zulässt, dass die Acht- bis Zehnjährigen das Handy unbegrenzt benützen, steigert die Gefahr, dass dies zur Sucht führt. Bei der Ent-wicklung eines Kindes hängt vieles vom Vorbild der Eltern ab. Dies besagt, benützen die Eltern das Handy unbeschränkt, beim Frühstück, beim Spaziergang und beim Autofahren, darf es nicht verwundern, wenn dies die Kinder nachahmen. Bei den Erziehungsmethoden hat sich seit den sechziger Jahren wenig verändert, außer das Medium. Anstatt des Fernsehens wird jetzt die Handybenützung als Strafe oder Belohnung eingesetzt. Bei schlechtem Betragen und bei schlechten Noten droht man den Jugendlichen damit, das Smartphone wegzusperren. Umgekehrt gibt es für gute Schulnoten Gutscheine für ein Gesprächsguthaben. Die Oma wird damit von der Qual, was dem Enkel schenken, erlöst. Über einen Ladebon für sein Smartphone freut er sich immer, bewusst geschenkt.

Juli

Der erste Schritt, um sich von der Gesellschaft zurückzuziehen, kann sein, dass man die gesellschaftlichen Normen, die sie nach außen und innen zusammenhält, nicht akzeptiert. Manche Forderungen erlebt man als skurril, wo und bei wem man sich anstellen muss, um Formalitäten zu erledigen. Dabei erlebt man, wie unterschiedlich, um nicht zu sagen: wie willkürlich bei den Behörden vorgegangen wird. Zur Veranschaulichung genügt ein alltäglicher Vorgang, die Anmeldung des Hauptwohnsitzes. Mit dem Reisepass begebe ich mich zum Meldeamt auf das Magistrat. Dort gibt es mehrere Büros, die für die Anmeldung zuständig sind. Bei zwei Türen leuchtet es grün, die Aufforderung zum Eintreten. Das grüne Licht heißt mich willkommen, mit einem Klopfzeichen trete ich ein. Der vorwurfsvolle Blick, den mir der Beamte zuwirft, spricht eine deutliche Sprache. Irgendetwas habe ich falsch gemacht. Ist es ihm unangenehm, da er gerade dabei ist, sein Jausenbrot zu verzehren, und habe ich ihn dabei gestört? Er hat ein Jausenbrot, wie es sie früher gab, keines dieser modischen Sandwiches, in der Hand. Wahrscheinlich hat ihm seine Frau heute Früh zwei Stück Schwarzbrotscheiben mit etwas Butter bestrichen und mit reichlich Tirolerwurst belegt. Zur Geschmacksverfeinerung zwei Blatt Emmentaler Käse daraufgelegt. Damit es keine trockene Angelegenheit ist, drei Stück saure Essiggurken separat in Fettpapier eingewickelt. Die Wurstbrote säuberlich in der Mitte durchgeschnitten und alles in einer lebensmittelechten Frischehaltebox verstaut.

II

Der Beamte vom Meldeamt war dabei, seine *Stolle* zu verzehren, und ich *platze* in seine Kanzlei. Schnell verschwindet das Jausenbrot in der offenen Schublade im Schreibtisch. Ein unwirsches *Was brauchen sie?* ist der erste Satz, den er mir *entgegenschleudert.* „Eine Wohnsitzänderung – haben Sie das Anmeldeformular bereits ausgefüllt?" Nein – es liegt am Gang auf. „Weiters den Mietvertrag oder eine Bestätigung des Vermieters, dass Sie unter dieser Adresse wohnen, dann sehen wir uns wieder. Auf Wiedersehen. Eigentumswohnung – dann müssen sie den Kaufvertrag mitbringen." Mit dem Satzende ist die Schublade endgültig geschlossen und ich stehe am Gang. Das Formular zur Anmeldung eines Hauptwohnsitzes liegt im Eingangsbereich auf. Geschwind *überfliege* ich die einzelnen Punkte, vielleicht gibt es noch die eine oder andere offene Frage. Etwas ist für mich unklar: Soll ich zuerst den alten Hauptwohnsitz abmelden oder mich zuerst neu anmelden und dann abmelden? Noch einmal in dasselbe Büro, lieber nicht. Ich probiere es beim nächsten Zimmer. Am Schreibtisch sitzen zwei junge Burschen, einer davon im Rollstuhl. Ein freundliches „Was können wir für Sie tun, welches Anliegen haben Sie?" – „Ich habe eine Frage zum Wechsel des Hauptwohnsitzes." – „Wir können die Anmeldung gleich vornehmen. Haben Sie ein Ausweisdokument mit?" – „Ja, den Reisepass, aber keinen Kaufvertrag." – „Der Reisepass genügt, den Wohnungskauf können wir online im Grundbuchregister nachsehen. Wir verständigen ihre frühere Wohngemeinde vom Wohnungswechsel." Nach fünfzehn Minuten habe ich einen neuen Meldezettel. „Einen schönen Tag noch."

Als Kärntner hört man es oft, nirgendwo in Österreich sei der Himmel so blau wie in Kärnten. Dieser Aussage schließen wir uns freudig an und überprüfen sie nicht. Blau erhält im Land eine weitere Bedeutung, so verhalten wir uns auch in anderen Bereichen des Alltags. Wer ein Lob empfängt, fragt nicht, ob dieses auch zu Recht zutrifft. Skeptisch ist man, kommt das Lob von einer nicht besonders geschätzten Person. Von jemanden, der einen ansonsten bekrittelt. Da fragen wir uns, welche Absicht könnte dahinterstehen, dass sich plötzlich Abneigung in Lob äußert? Das meiste Lob für Kärnten kommt von zufriedenen Urlaubern. Dies setzt voraus, mit der Unterkunft, der Verpflegung, auch mit dem Wetter war der Urlauber gut bedient. Beim Wetter spießt es sich manches Mal. Das Jahr über gibt es viele Sonnentage, mit dem stabilen Sommerwetter wie in Griechenland oder in Spanien ist das Wetter hierzulande nicht vergleichbar. Die Fremdenverkehrsbetriebe haben seit der Jahrtausendwende massive Anstrengungen unternommen, bei Schlechtwetter alternative Unterhaltungsmöglichkeiten anzubieten. Im Lande gibt es die vielen *sprichwörtlichen* Badeseen, wo Entspannung, Erholung und Unterhaltung garantiert sind. Der Kärntner Schmäh lockt auch zurückhaltende Gäste aus der Reserve. Die Mischung aus schroffen Bergen, sanften Almen, weitem Grünland und die kristallklaren Seen schaffen beste Urlaubsvoraussetzungen. In einem Kärntnerlied heißt es: „Der Hergott hot glocht, wia doas Kärntnlandl hot gmocht." Diese göttliche Heiterkeit findet sich auch im Gemüt eines jeden Kärntners.

II

Mit Verboten und Geboten war man in den Strand- und Hallenbädern Kärntens bisher sehr zurückhaltend. Es war alles erlaubt, solange es andere Badegäste nicht störte und nicht gegen die Hygiene verstößt. *Lei lossn*, der heimliche Spruch der Kärntner. In diesem Sommer hat sich bei den Baderegeln und bei deren Sichtbarkeit einiges geändert. Eine erhebliche Anzahl von Flüchtlingen, die aus einem anderen Kulturkreis kommen, befinden sich im Land. Mit anderen Badesitten und kaum Deutsch sprechend. Dazu gibt es gesellschaftliche Auffassungsunterschiede, was die Wahrnehmung von leichter Badebekleidung betrifft. Besonders betrifft dies heimische Mädchen und Frauen, welche sich ganz selbstverständlich im Bikini oder im raffinierten Badeanzug zeigen. Ohne dabei sexuelle Signale anzustreben. Von den arabischen Migranten wird dies anders gesehen. In der freizügigen Badebekleidung sehen sie eine erotische Aufforderung. Mit gezielten Piktogrammen will man Missverständnissen entgegenwirken. Ob die Regeln akzeptiert und eingehalten werden, wird man erst am Ende der diesjährigen Badesaison bewerten können. Die andere Seite betrifft die heimische Bevölkerung, wie sie auf die Badeanzüge der Musliminnen, die Burkini, reagieren wird? Für Gesprächsstoff, hoffentlich nicht für Konfliktstoff, ist in dieser Badesaison gesorgt. Dieses Jahr wird man an den Badeseen nicht nur über die Wasser- und Lufttemperatur reden.

In den sechziger und siebziger Jahren ist das Fernsehen in die ländlichen Haushalte eingezogen. Rückblickend kann ich sagen, dass die Kindersendungen des ORF in die Erziehung des Nachwuchses *miteingebaut* wurden. Erst Jahrzehnte später sind eigene Kinderfernsehkanäle dazu gekommen. Wollten die Eltern ungestört sein, setzte man die Kinder vor den Fernseher. Anderseits, um die Sprösslinge zu bestrafen, verbot man ihnen für ein paar Tage das Fernsehen. Für die Kinder der 60er und 70er Jahre war das Fernsehen, ob Belohnung oder Bestrafung, ein Bestandteil der Erziehung. Im bischöflichen Internat war in den 60er Jahren das Fernsehen ein brauchbares Mittel, um ganze Schulklassen *zu bändigen*. Herrschte während der Studierstunde nicht die notwendige Ruhe, dann drohte der Präfekt, dass die TV-Sendung *Fury* um siebzehn Uhr gestrichen wird. So wurde die *Glotze* als leicht benützbares Zuchtmittel eingesetzt. In Österreich diskutierte man dazumal, wie man die Fernsehsucht bei den Kindern bekämpfen kann. Heute ist eine der ersten Fragen von Urlaubern an den Rezeptionisten: Gibt es im Hotelzimmer einen Flachbildschirm und wie viele TV-

Programme können wir empfangen? Neu dazugekommen ist die Frage nach einem kostenlosen Internet-zugang. Für viele ist dieser wichtiger als eine große Auswahl beim Frühstücksbuffet. Morgens wird das Frühstück eingenommen und gleichzeitig mit dem Smartphone telefoniert. Mit der Benützung des Handys wartet man nicht bis nach dem Essen oder bis man in der Hotelhalle sitzt. Die Kommunikation zwischen den Partnern beim Abendessen besteht darin, dass man sich gegenseitig die neuesten Fotos und SMS auf dem Handy zeigt. Für die Generation Web 3.0 ist dies ganz normal, die ältere Generation blickt verstohlen zum Nebentisch.

Mit einer staatlich garantierten Pension und einem angepassten Lebensstil *wiege* ich mich in einer gewissen finanziellen Sicherheit. Es gibt immer Unkenrufe, die behaupten, dass in Österreich die Pensionen auf Dauer nicht sicher sind. Eine Kuriosität im österreichischen Pensionssystems ist, Pensionisten bekommen eine dreizehnte und vierzehnte Pension. Urlaubs- und Weihnachtsgeld, wie wir dies aus unserem Arbeitsleben kennen. Im benachbarten Deutschland bekommt man ein Urlaubs- und Weihnachtsgeld von der Firma nur auf freiwilliger Basis. In Österreich gibt es laut Kollektivvertrag das dreizehnte und vierzehnte Gehalt für alle Arbeitnehmer. Bei einigen Berufs-gruppen, wie bei den Bankangestellten, ist im Kollektivvertrag ein 15. Monatsgehalt vorgesehen. Keinen Einblick habe ich, wie viele Monatsgehälter die Beamten und Angestellten in den staatlichen Bereichen erhalten.

Persönlich empfinde ich die dreizehnte und vierzehnte Rente als einen Glücksfall. Während meiner Berufsjahre als selbständiger Papierhändler war ich weit davon entfernt, mir ein dreizehntes und vierzehntes Gehalt auszuzahlen. Für die unsicheren Einkommensverhältnisse während meiner Berufszeit gibt es jetzt eine kleine Entschädigung. Mein Einkommen war in der vierzigjährigen Kaufmannszeit keine fixe Konstante, zumeist unbestimmt. Für einen Zeitraum von einem Jahr konnte ich ahnen, welchen Umsatz ich erwarten konnte. Die beste Geldvorsorge war, zurückhaltend bei den Privatentnahmen zu sein. Unter diesem Aspekt will ich mir über die Pensionsprivilegien bei der ÖBB oder der ÖNA nicht den Kopf zermartern. Dies würde zu einem *schweren* Kopf meinerseits führen und doch nichts verändern.

II

Vor dem Hintergrund einer staatlichen Rente kann ich die Aufregung über tagesaktuelle Vorgänge nicht immer nachvollziehen. Dazu gehören Aussagen im amerikanischen Präsidentschaftswahlkampf, die Abstimmung der Engländer über einen EU-Austritt und ein Ausschluss Griechenlands aus der EU. Ebenso wenig lasse ich mich von den Versprechungen des neuen österreichischen Bundeskanzlers *einlullen*. Genauso wenig glaube ich, dass es einen neuen politischen Stil bei Postenbesetzungen und bei der Bekämpfung der Korruption geben wird. Zum Fortschritt, den der Westen beim Atomabkommen mit dem Iran erzielt hat, fällt mir ein, dass unsere Familie in die Wirren der iranischen Revolution involviert war.

Nachdem der Schah von Persien aus dem Land getrieben wurde, kehrte Khomeni im Feber 1979 aus dem Pariser Exil in den Iran zurück. Die engsten Gefolgsleute des Schahs, Minister und höchste Beamte, wurden in Schnellverfahren zum Tode verurteilt. Die Hinrichtungen passierten in der Öffentlichkeit. *Der Spiegel* berichtete über die öffentlichen Hinrichtungen und es gab davon auch Fotos. Auf einem Foto standen mehrere Lkws nebeneinander und an den Lkw-Kränen baumelten die durch den Strang Hingerichteten. Der Firmenname der Kranfirma war gut zu lesen. Bei der Firma, welche die Kranaufbauten für die Lkws herstellten, arbeitete ein Bruder. Die Lkws wurden noch während der Schah-Regierung bestellt und ausgeliefert. So *rutschten* wir in das Rad der Weltgeschichte. Nach dem Ende vom Embargo hoffen viele Nationen, mit dem Iran beim Aufbau der Infrastruktur und dem Liefern von Konsumgütern gute Geschäfte zu machen.

III

Nach diesem historischen Rückblick empfinde ich es wohltuend, wenn ich beim Besuch des Residenzschlosses Ludwigsburg im Gewächshaus folgende Bekanntmachung lese: „Regionaltreffen der Gesellschaft für fleischfressende Pflanzen in Ludwigsburg". Danach folgt die Ankündigung verschiedener Programmpunkte, die Auflistung der botanischen Referate und deren Referenten. Unter der Spezies der fleischfressenden Pflanzen stellt man sich Schreckliches vor, bis zu menschenfressenden Pflanzen. Die Ausstellung im dortigen Gewächshaus zeigt, damit sind Pflanzen und Blumen gemeint, welche in der Lage sind, Mücken und andere kleine Insekten festzuhalten. Danach werden sie durch die Magensäfte der Pflanzen verdaut. Für den Menschen hat das Berühren der Pflanzen mit dem Finger keinerlei Folgen. Beruhigend, wenn sich Menschen von aktuellen Kriegs- und Terrorszenarien abkoppeln können und sich über ein Wochenende den Gefahren, welche von den fleischfressenden Pflanzen ausgehen, zuwenden. Bei der Bestellung von original schwäbischen Maultaschen, die nur mittwochs serviert werden, erfahren wir einiges aus dem Leben der Rathauskellnerin. Nach ein paar unverbindlichen Sätzen bedauert sie es uns gegenüber, dass ihr siebzigjähriger Freund noch immer nicht in Pension gehen will. Sein Papiergeschäft, im Besonderen den Handel mit Münzen, will er nicht aufgeben. Täglich eilt er morgens vor acht Uhr in den Laden und kommt abends nach achtzehn Uhr nach Hause. Schon seit Jahrzehnten gibt es keinen gemeinsamen längeren Urlaub. Sie wünscht ihm keine gesundheitlichen Beschwerden, aber nur diese könnten ihn zum Einlenken bringen, dass er endlich in Pension geht.

Wie sehr wir uns darum bemühen, unangenehme Gerüche zu vermeiden, zeigt sich darin, wie viel Aufmerksamkeit wir der Körperpflege widmen. Wer durch einen Drogeriemarkt flaniert erkennt, dass wir mit den Ausdünstungen unseres Körpers nicht einverstanden sind. Auf jeden Fall versuchen wir diesen Geruch bestmöglich zu beschönigen. Wir haben die Möglichkeit, aus einer Unzahl von Deodorants und Parfüms zu wählen. Jedes Jahr kommen neue Düfte für beiderlei Geschlecht dazu. Ich nehme an, dass sich die Essenzen und Düfte alle Jahrzehnte verändern. Was vor einem Jahrzehnt als angenehm empfunden wurde, ekelt einen heute an. Man kann es nicht mehr riechen. Wechselt der Partner seinen Duft, reagiert man besonders sensibel. Plötzlich steht vor einem eine fremde Person, zumindest wenn es nach der Nase geht. Es birgt einen gewissen Wahrheitsgehalt, wenn es in einem Sprichwort heißt: *Immer der Nase nach.* Damit dürfte keine geografische Orientierung gemeint sein, sondern die Orientierung nach den Gerüchen. Ein anderer Spruch lautet: *Ich kann dich nicht mehr riechen.* Dies bedeutet zumeist ein schweres Zerwürfnis innerhalb der Partnerschaft. Die Katze, der Hund und das Meerschweinchen nehmen ihre Umgebung zuallerst durch die Düfte wahr. Von ihnen wird alles beschnuppert, seien es die Möbel, die Kleider und die Schuhe, selbst die Hände. Für die Katze gibt es in der Wohnung kein Polster, keine Tür oder Teppich, die von ihr nicht markiert werden. Manche Spazierwege am Stadtrand sind für die Hunde das reine *Duftparadies.* Der menschliche Vorteil ist, dass wir nicht so einen feinen Geruchssinn haben wie die Tiere. In einem öffentlichen Park hätten wir dann wahrscheinlich ein menschliches Problem. Unser Eingreifen in die Natur führt bereits so weit, dass versucht wird, bei den Rassehunden und Rassekatzen dafür zu sorgen, dass das Fell pflegeleicht leicht ist und dass Hund und Katze gut duften.

Unsere Ausdrucksweise ist im Umgang mit Bekannten eine andere, als wenn wir im Berufsleben Kontakt mit den Vorgesetzten oder mit Kunden haben. Mit den engsten Freunden führt man die Unterhaltung in der Mundart, wobei sich dies auf Menschen aus demselben Bundesland beschränkt. Zwischen Kärntner und Vorarlberger kann es bei einer Unterhaltung im Dialekt zu inhaltlichen Missverständnissen kommen. Dasselbe Wort kann in einem Satz eine unterschiedliche Bedeutung haben, je nach Sinnhaftigkeit verschieden angewendet werden. So entsteht bei dem einen oder anderen Satz eine *Gedankenlücke*. Bei Verwendung der Umgangssprache sollte es zwischen Österreichern keine Probleme geben. Unterhält man sich mit Urlaubern, dann versucht man in der Schriftsprache zu sprechen, wie man sie auf einer Behörde oder bei einer Prüfung anwendet. Eigenartig verdreht klingen meistens die Sätze, spricht man mit Gastarbeitern oder Zuwanderern. Dabei verfällt man auch selbst in einen *Zuwanderer-Slang*. Bei der Unterhaltung mit verschiedenen sozialen Schichten drücken wir uns jeweils anders aus, auch bei den Inhalten.

In Kärnten ist es gebräuchlich zu sagen: *Man geht in den Supermarkt einkaufen.* Ist die Zeit knapp, dann würde man sagen: *Man geht einmal schnell in den Supermarkt etwas holen.*

Die Steigerung von gehen ist, dass man ein *schnell* vorsetzt. Dafür gibt es noch andere Beispiele. *Laufen* hat in Kärnten eine andere Bedeutung, dies bringt man zumeist mit dem Sport in Verbindung. Der große Lauf-Event heißt *Ganz Kärnten Läuft*. Die Sportlichen laufen eine Runde im Park oder den See entlang. Nur bei Notfällen wird man in Kärnten das Wort *laufen* verwenden: *Lauf schnell einen Arzt holen* oder *lauf schnell zu der Feuerwehr*. Die Aufforderung in Notfällen *zum Laufen* wird heute durch das allzeit verfügbare Handy obsolet. Dafür ist es notwendig, *schnell* – im Sinne von geschickt – das Handy zu bedienen. Ein zu Besuch weilendes fünfzehnjähriges Mädchen aus Vorarlberg sagte: „Sie läuft geschwind in den Supermarkt einen Laib Brot kaufen" oder sie sagt: „Sie läuft geschwind zum Nachbarn Äpfel holen." Auf meinen Einwand, sie hat genug Zeit, um einen Laib Brot zu kaufen, erwidert sie: „Sie wird nicht laufen, wie das Wort vermuten lässt, sondern in Vorarlberg sagt man generell statt gehen laufen". Nach meiner Privatphilosophie drückt sich darin etwas über die Bereitschaft der Vorarlberger zum Schaffen aus. Ihnen geht es darum, viel zu machen und alles mit Tempo, und sei es einen Laib Brot kaufen.

Eine Woche nach dem Unwetter über weite Teile von Villach, Sturmwind, Sturzregen und Hagelschauern, ist man dabei, die Schäden zu beseitigen. Wie ein *Wexit* hat der Aufruhr der Elemente den östlichen Stadtteil, die Ortschaften Magdalen und Wernberg, heimgesucht. An vielen Gebäuden sind das Dach und die Fensterscheiben kaputt, das Wasser ist in tieferliegende Keller eingedrungen. Die Sturzbäche konnten nicht mehr abfließen. Teilweise waren Straßenunterführungen überschwemmt, Fuß- und Radwege, sowie Autostraßen durch entwurzelte Bäume unpassierbar. Durch den Hagel wurden bei zahllosen Autos die Heckscheiben und die Karosserie zerstört. Die tennisballgroßen Hagelschloßen fügten etlichen Personen Platzwunden am Kopf und Prellungen an den Schultern zu. So plötzlich wie das Unwetter einsetzte, konnten sich die Menschen oftmals nicht in einen Hauseingang oder in ein Lokal retten. Am Morgen danach sah ich in der Bahnhofstraße die *Eishaufen* der zusammengeschobenen Hagelschlote. An allen Ecken kontrollierten Dachdecker die Hausdächer und erneuerten zerbrochene Ziegel. Mitarbeiter vom Wirtschaftshof waren dabei, die Gehsteige von den herabgebrochenen Ästen freizumachen. An der Wetterseite der Hausfassaden sah man Einschläge, als wäre auf die Fassaden geschossen worden. Ein gesprenkeltes Muster. Die mit Mörtel verputzten Fassaden waren widerstandsfähiger als die mit den porösen Styroporplatten wärmegedämmten. Die Jalousien mancher Ordinations- und Bürofenster waren zerknittert wie ein Hemd. Bei der Fahrt durch die Italiener Straße sah ich im Innenhof einen umgestürzten Baum, welcher auf das benachbarte Stiegenhaus gestürzt war. Dort wurden die Scheiben zertrümmert und die Fassade arg beschädigt. Während des Trinkens eines Aperolspritzers, auf der Terrasse vom Park Café, wähne ich mich inmitten eines Holzschlages. Im ganzen Parkgelände werden die vom Sturm abgebrochenen Stämme und Äste beseitigt. Ständig brummt von irgendwo eine Motorsäge und ein Greifarm hievt Baumstämme und Äste auf einen Transporter. Auf der Terrasse ist mehr Tageslicht, weil im Eck die durch den Sturm beschädigten Bäume radikal gekürzt wurden. „Es war furchterregend", sagt die Serviererin, die Sitzmöbel von der Terrasse mussten sie nach dem Sturm vom Hauptplatz holen. Bei ihr zu Hause war das Dach kaputt und Wasser im Keller.

II

Tage später, auf dem Weg zum Wochenmarkt, war ein Stück des Geh- und Fahrradweges *Marxrain* unpassierbar. Die Sturmböen hatten entlang des Weges stämmige Bäume samt einem Stück Asphalt entwurzelt. Teilweise sind sie auf den Gehweg gestürzt, einige auf die darunterliegende Straße. Vor diesen Naturgewalten weiche ich erschrocken zurück und vermerke mit Demut, dass unser Wohngebiet vom Hagel und den meisten Folgen des Sturmes verschont geblieben ist. Entlang der Straßen parken die Firmenautos der Spengler und Dachdecker, der Glasermeister und Holzschlägerunternehmer. Auf einem Firmenauto steht: *Nicht verzagen, wir kommen schon, ein Glasbruch ist kein Beinbruch.* Die Schäden sind diesmal um einiges größer als nur eine kaputte Fensterscheibe. Die Sturm- und Hagelschäden treffen besonders die Bauern und Gärtnereien, wo innerhalb von fünfzehn Minuten die Ernte eines ganzen Jahres zu Bruch gegangen ist. Mancher Jugendlicher, der sich von seinem selbst verdienten Geld ein Auto gekauft hat, steht jetzt vor einem zerbeulten Fahrzeug. Wer weiß, wie Jugendliche an ihrem Auto *hängen*, kann den gefühlsmäßigen Schaden erahnen. Unabhängig vom finanziellen Schaden. Eine Vollkaskoversicherung haben die wenigsten und die Katastrophe hat *Nothelfer* angezogen. Auf den Parkplätzen der Einkaufszentren rund um Villach sieht man jetzt mobile Kfz-Werkstätten, die eine Dellen Sanierung anbieten. Die Autokennzeichen aus Polen und Tschechien verweisen auf Flexibilität und einen geschäftlichen Riecher. Das Motto: Was dem einen ein Schaden, ist mein Nutzen. Ein lokaler Mechanikermeister empfiehlt den Geschädigten, sich in Geduld zu fassen. Sie können sich nach ein paar Wochen einem heimischen Betrieb zuwenden. Die mobilen Kfzler würden aus der Not der anderen für sich eine Tugend machen und die Reparaturen zu überhöhten Preisen anbieten. Bei einem Autoservice im November beklagte sich ein Kfz-Meister darüber, dass das Geschäft in der Werkstätte flau sei. Die Ursache sah er darin, dass es zu dieser Zeit noch nicht geschneit hatte und es daher keine Unfälle mit Blechschaden gab, wie sie mit den ersten Schneefällen auftreten. Jetzt, wo das Geschäft *auf der Straße liegt*, existiert sein Betrieb nicht mehr, er ist seit einigen Jahren in Pension.

Hätte Ötzi, *der Mann im Eis*, ein Handy gehabt, er hätte vielleicht überlebt. Er wäre dann aber nicht so berühmt geworden. Berühmt zu werden, ist der Antrieb für die Selbstdarstellungen in den digitalen Medien. In der

Selbstdarstellung gibt es eine lange Tradition. In den Museen hängen die Porträts von Fürstbischöfen, Kaiser und Adeligen. Seit den neunziger Jahren gibt es im Fernsehen die Talkshow. Dort äußern sich Menschen von der Straße zu den Themen Partnerbeziehung, Seitensprung und Sex. Zum Vorreiter zählte die Sendung *Der Heiße Stuhl* im RTL, im ORF lockt die Barbara Karlich Show bis heute viele Zuschauer an. Die heutigen Plattformen der Selbstdarstellung sind Weblogs, You- Tube und Facebook. Auf diesen Webseiten ist es für jeden möglich, seine Meinung zu allem und jedem zu äußern. Lange Zeit war dies nur Journalisten in den Tageszeitungen und im Fernsehen vorbehalten. Weblogs breiteten sich ab dem Jahr zweitausend über die westliche Welt aus. Dort bleibt ein Teil der Blogger anonym. Sie schreiben über ihre Scheidung, Depression und Geschlechtsumwandlung. Von ihren Kochkünsten und Haustieren, auch Stellungnahmen zum Tagesgeschehen. Die Berichte sind so bunt wie das Leben, dazu die Kommentarfunktion. In den Blogs sind die Berichte ausführlicher als auf Twitter und Facebook. Der Blogger schlüpft oft in eine neue Identität, die sich von seinem Alltagsleben unterscheidet. *In aller Mund*, konkret auf allen PCs und Handys ist Facebook installiert. Wie Facebook in das Leben der Benützer eindringt, Zeit und Aufmerksamkeit verlangt, kann ich in den Hörsälen der Alpen-Adria-Universität beobachten. Vergleichbar mit den Kettenrauchern, werden am Handy permanent die neuesten Posts gelesen und geschrieben. Ein Jugendlicher, teilweise auch die Senioren, verliert an Image, wenn er nicht soundso viele Facebook-Freunde haben. Viele

Schnappschüsse, von persönlichen Ausnahmesituationen, werden auf Facebook und You-Tube hochgeladen. Durch die Vernetzung in den digitalen Medien wurde ein neues Zeitverständnis notwendig. Eine andere Art der Zeitplanung. Wurden früher Termine und Verab-redungen auf Wochen oder Tage vorausgeplant, so heißt es heute: „Wir telefonieren noch miteinander." Man trennt sich ohne einen konkreten Termin zu vereinbaren, weil jeder jederzeit telefonisch erreichbar ist. Dies macht die Tagesplanung äußert anstrengend und wird später Folgen in der Lebensplanung haben. Bei einer Lehrveranstaltung wurde ein Facebook-Forum eingerichtet. Dort sollten die Beiträge hochgeladen und die Termin-planung abgewickelt werden. Um einen Termin vor der Uni-Bibliothek zu organisieren, hat es fünfunddreißig Postings auf Facebook gebraucht. Dabei bestand die Möglichkeit, am Ende einer Vorlesung diesen Termin persönlich auszumachen.

Wir befinden uns in der schönsten Phase des Sommers, die Tage sind sonnig, die Abende lauwarm und es ist lange taghell. Vieles kann man im Freien genießen. Dazwischen gibt es eine Diskussion, wie der kommende Winter sein wird. Vor einem Jahr erlebten wir den wärmsten Dezember seit den Temperaturaufzeichnungen. Bei den geselligen Runden am Feierabend schwärmen viele Frauen davon, dass sie einen Teil der Weihnachtsgeschenke eingekauft haben. Auch Firmen werben bereits für den Weihnachtseinkauf, mit Vororderaustellungen.

Die Versandhäuser verschicken die ersten Weihnachtskataloge. Die Reisebüros legen einem die Buchung des Weihnachtsurlaubs nahe, indem sie verlautbaren, dass viele Reisen für die Weihnachtsfeiertage bereits ausgebucht sind. Zumeist sind dies Fernreisen oder Angebote, welche vom Wetter unabhängig sind. Schwieriger haben es die Vermieter in den Alpenregionen, wo das Wetter unstabil ist und das Vorhandensein von genügend Schnee eine Rolle spielen. Trotz des Einsatzes von Schneekanonen gibt es keine Schneegarantie. Wie im vergangenen Dezember, wo die Nachttemperaturen für den Einsatz der Schneekanonen zu hoch waren. Zum Leidwesen der Vermieter hat sich das Buchungsverhalten für den Winterurlaub geändert. Erst nach der Meldung von einem Wintereinbruch in den Alpen läuten bei den Vermietern die Telefone. Heute wird vielfach über das Internet gebucht. Ein heißer Sommer bringt die Hotelbesitzer und Liftbetreiber in den Wintersportregionen doppelt zum Schwitzen: Einerseits bei der Arbeit im Service, anderseits bangen sie um den Schnee für die Wintersaison. Denken Menschen über fünfzig an Weihnachten in den Alpen, dann erinnern sie sich an die Zeit, wie sich der Schnee rund um das Haus auftürmte. Nähern sich die Weihnachtsfeiertage und es ist warm sowie weit und breit kein Schneefall in Sicht, dann fehlt etwas für die weihnachtliche Stimmung. Die eigene übersättigte Stimmung schiebt man dem fehlenden Schnee in die Schuhe. Man hofft, dass, beginnt es zu schneien, die Stimmung steigen wird. Zu guter Letzt beharrt man darauf, dass eine Schlechtwetterfront den Jahresausklang retten kann.

II

Für den religiösen Menschen spielen die Ereignisse rund um das Weihnachtsfest eine bestimmende Rolle. Im Alltag hoffen wir oft, dass eine Reise, eine Familienfeier, eine Prüfung harmonisch abläuft. Man vertraut auf göttliche Unterstützung, setzt nicht allein auf Aufklärung und Voraussicht. Setzen Planung und Einsicht den Glauben außer Kraft? Im Alltag geschieht fast nichts ohne Vertrauensvorschuss, wir vertrauen auf die Wirkung einer Massage oder eines Medikamentes. Bei einem so banalen Vorgang wie einem Einkauf vertrauen wir, dass wir dies und jenes im Regal vorfinden. Das größte Vertrauen setzen wir in den Partner. Wir hoffen, dass er uns in schwierigen Lebenssituationen, wenn wir angegriffen oder beschimpft werden, wenn wir müde und ausgelaugt sind, unterstützt. Uns zu einer Besprechung oder unangenehmen Untersuchung begleitet. Abends nehmen wir selbstverständlich an, dass wir morgens wach werden. Die Zweifler versichern sich nachts zwei bis dreimal, dass sie noch am Leben sind. Unbewusst vertrauen wir unserem Herz ein Leben lang, von dem die meisten nicht wissen, welche Leistungen es für uns erbringt. Erst wenn es schmerzt oder *holpert*, werden wir aufmerksam. Ähnlich verhalten wir uns zu anderen Organen. So zu der Lunge, der wir erst dann Aufmerksamkeit schenken, wenn wir beim Stiegensteigen in Atemnot geraten. Nach Tagen, an denen ich keinen Text verfasse, vertraue ich meiner Intuition, dass es mir möglich ist, neue Texte zu erstellen. Würde die *Eingebung* ausbleiben, wäre dies für mich ein großer Vertrauenseinbruch. Ludwig Wittgenstein: „Dass die Sonne morgen aufgehen wird, ist eine Hypothese und das heißt: wir wissen nicht, ob sie aufgehen wird."

Eine Verwandte schilderte, mit welchen Schwierigkeiten eine Geschäftsauflösung verbunden war. Nach einem Jahrzehnt der Selbstständigkeit, mit einem Fachgeschäft für biologische Unterwäsche beiderlei Geschlechts, hatte sie am risikoreichen Unternehmersein keine Freude mehr. Seit Längerem hat sie sich ein geregeltes Einkommen und eine geregelte Arbeitszeit in ihrem erlernten Beruf, als Altenbetreuerin, gewünscht. Vor einem halben Jahr hat sie den Laden geschlossen und will in ihren ursprünglichen Beruf zurückkehren. Bei der Geschäftsauflösung ist vieles tadellos verlaufen, einen kleinen *Haken* gibt es. In ihrem Wohnungskeller stapelt sich biologische Unterwäsche, die sie während des Abverkaufs nicht an den Mann und die Frau gebracht hat. Zumeist in Größen und Ausführungen, die selten gefragt sind. Jetzt spekuliert sie darüber, wie sie diese Restposten verkaufen könnte. Eine Möglichkeit sieht sie darin, ehemalige Stammkunden anzuschreiben und auf die preisreduzierten Restposten hinzuweisen. Auf Flohmärkten wäre die Gelegenheit, die *Kellerware* an die Schnäppchenjäger zu verhökern. Verwandte und Freunde werden zu aktuellen Anlässen wie Geburtstagen, Einladungen, Jubiläen und voraussichtlich auch zu Weihnachten mit biologischer Unterwäsche beglückt. Der Cousine ist trotz dieses Handikaps die Erleichterung, dass sie nicht mehr selbstständig ist, anzumerken. Es ist ihr eine Last von der Schulter gefallen, daran ändert auch eine noch zu erwartende Steuerprüfung nichts.

August

Oft ist es am Vormittag *katzenmäusestill,* man hat das Gefühl, allein in der Wohnanlage zu leben. Die Mitbewohner hat es in alle Richtungen zerstreut, sie versäumen die Ruhezeiten. In die Mittagszeit bricht die Geschwätzigkeit der Kinder herein. Es gibt einen Unterschied zwischen Schul- und Ferientagen. Die Aktivitäten der Pensionisten laufen, anders als bei den Berufstätigen und den Hausfrauen, ohne Fixzeiten ab. Die Rentner sind unberechenbar, bei ihnen lässt sich kein Zeitschema festmachen, sie agieren ähnlich dem Zufallsgenerator bei der Lottoziehung. Auch vergleichbar mit dem russischen Roulette, ist die Pistole geladen oder nicht. So gleicht der Tagesablauf bei den Senioren einem Vulkan, niemand kann vorhersagen, wann der nächste Ausbruch kommt. Dies kann am späten Nachmittag oder nachts sein, wenn der Druck im Inneren zu groß wird. Sie agieren unvorhersehbar und ich weiß, wovon ich spreche. Spontan braucht es einen Ausbruch aus der Alltagsroutine, dabei spielt die Uhrzeit keine Rolle. Jede Tages- und Nachtzeit kann dafür rechtens sein. Regelmäßigkeit kommt im späteren Alter nicht mehr vor. Sie ist vergangen wie die Schönheit des Körpers. Werden die Instandhaltung des eigenen Hauses und die Pflege des Gartens lästig, tritt der Zeitpunkt ein, wo Senioren *zurückrudern.* Meistens ist das Haus mit Hilfe der eigenen Hände entstanden. Im Laufe des Lebens hat man in die Wartung des Hauses viel von seiner Freizeit investiert. Die handwerklichen Tätigkeiten waren nicht immer

Last, vielfach auch Lust. Die Nachbarn konnten das Heimwerken mitverfolgen und es gab dem eigenen Leben Sinn. Die Arbeitsstunden im Gemüse- und Obstgarten übertrafen die Mußestunden. Geplant war der Garten zur Erholung.

Zieht man aus der Wohnung, in welcher man jahrzehntelang gewohnt hat aus, kämpft man mit verschiedenen Gefühlen. Am nächsten Morgen wacht man in einem unbekannten Schlafzimmer auf. Nach dem Aufwachen weiß man nicht, wo man ist und warum in diesem Zimmer? Gerade, wenn sich die Schlafzimmertür nicht mehr auf der linken Seite vom Bett befindet, wo sie jahrelang war. Vergleichbar mit der Situation, in einem Hotelzimmer aufzuwachen und nach der Badezimmertür Ausschau zu halten. Bekannte erzählen vom Eingewöhnen in einem fremden Wohnhaus. Einerlei, ob es sich um eine Miet- oder eine Eigentumswohnung handelt. In den ersten Wochen horcht man aufmerksam, zu welchen Uhrzeiten die verschiedenen Geräusche in die eigene Wohnung dringen. Manches Geräusch ähnelt dem in der vorhergehenden Wohnung, manches ist neu und ungewohnt. Wann erwacht das Haus am Morgen zu neuem Leben? Die Wohnungsnachbarn werden morgens zu unterschiedlichen Zeiten aktiv. Für die einen beginnt der Job um sechs Uhr morgens, andere müssen um acht Uhr in der Firma sein. Irgendwo fließt Wasser in die Badewanne, eine Entlüftung schaltet sich ein, das Wasser einer

Toilettenspülung rauscht durch das Abflussrohr. Draußen klappern Absätze über die Marmorstufen, aus dem Stiegenhaus hört man Stimmen. Ein Gute-Morgen-Gruß von einer Stimme, welchen man nicht näher kennt. Eine Wohnungstür wird zugeworfen, bevor man weiterdöst.

Die meisten Augusttage sind in der Lagunenstadt Venedig trotz der vielen Kanäle und einer Brise vom Meer sehr heiß. Trotzdem streunen eine Fülle von Menschen zur Biennale Zeit – auch bei Temperaturen von achtunddreißig Grad – durch die Länderpavillons in den Giardini. Am Vormittag, wo ich körperlich ausgeruht bin, fällt es mir leicht, mich mit den Objekten, Videos, Installationen und Bildern der Künstler auseinanderzusetzen. Nach der Fülle von Ausstellern im Central Pavillon und *der Runde* durch die Länderpavillons, blicke ich am frühen Nachmittag sehnsüchtig auf die gegenüberliegende Seite der Giardini. Dort gibt es die Fortsetzung der Biennale, erreichbar über eine Kanalbrücke. Das Überqueren der Brücke erlebe ich als erfrischend, auch wenn man im Kanal nicht baden kann. Der Anblick des Wassers gibt mir neue Kraft. Auf der anderen Seite erwartet mich ein Spalier von Bäumen und am Ende vom Gelände der Österreichpavillon. Ein langgezogener, rechteckiger Bungalow mit einer weißen Fassade. Beim Besucher wirkt er so, als wurde der Pavillon außen und innen frisch renoviert. Die glatten weißen Wände, die Decke und der Fußboden in Schwarz erzeugen die Wirkung einer Eingangshalle von einem Designhotel. In jedem Raum, rechts und links, jeweils eine schmucklose weiße Bank. Schlicht wie eine vergrößerte Heftklammer. In den ersten Minuten bin ich im Zweifel, handelt es sich bei der Bank um eine Kunstinstallation oder ist es eine Bank zum Ausruhen. Die Schlichtheit der Räume, die schwarz-weiße Optik ist nach den vielseitigen Eindrücken am Vormittag erholsam. Es gibt keine Musik oder sonstige Geräusche, einzig die Schritte und das Gemurmel der Besucher. Beim Verweilen in den Ausstellungsräumen kann ich die fragenden und staunenden Gesichter der kunstinteressierten Besucher beobachten. Sie halten nach dem Kunstwerk, den Bildern oder einer Installation Ausschau. Manchmal kommen zweifelnde Aussagen, ob die Kunstwerke vergessen wurden. Im österreichischen Pavillon ist *viel* geschehen. Heimo Zobernig hat die Wände, die Decke und den Boden neu beschichtet. Der Innenhof wurde bepflanzt und zu einer Oase in der Bilder- und Skulpturenflut in Venedig. Besucher sahen manchmal in den gepflanzten Bäumen, im neu strukturierten Garten die Lösung des *Kunsträtsels*. Entspringt das Outfit von der Pavillonaufsicht einem Wunsch von Heimo Zobernig? Der junge Mann ist ganz in Schwarz, die Schuhe, die Hose, das Hemd, bis zu den schwarzen Haaren.

Vor acht Monaten ist Udo bei einem Spaziergang in Gottlieben in der Schweiz zusammengebrochen und gestorben. Mit seiner Tournee, *Mitten im Leben,* machte er gerade eine Pause. Wir suchten nach einer passenden

Fernsehsendung für den Abend, da wurde in den Nachrichten verkündet, dass Udo gestorben sei. Aus diesem Anlass wurde die Geburtstagsgala zu seinem Achtziger aus Freiburg wiederholt. Bei den Darbietungen seiner Lieder durch verschiedene Interpreten hatten wir beim Zuhören ein zwiespältiges Gefühl. Dabei hatten wir immer die Stimme und die Interpretation von Udo im Kopf. Ungewollt haben wir die Art und Weise der Interpretationen verglichen. Jene Auftritte, welche Udo nicht nachgeahmt, sondern seine Lieder neu interpretiert haben, haben uns am meisten überzeugt. Bei dieser TV-Gala konnte man Udo seine Emotionen ansehen, weil jüngere Sänger und Sängerinnen seine Lieder weiterverbreiten werden. Etwas auch die Erschöpfung von der Tournee. Zu den schönen Momenten für einen Künstler zählen, wenn er miterleben kann, dass sein Werk weiterlebt. Bei einem schöpferischen Menschen, egal in welchem Genre, steht das Werk und seine Zukunft im Mittelpunkt. Der Tourneetitel, *Mitten im Leben*, war etwas gewagt. In Österreich gibt es ein Gedächtnistrainingsprogramm für Senioren, *Mitten im Leben*. Mit Themen passend zur Jahreszeit, Worträtseln und Rechenaufgaben wird versucht, das Gedächtnis aktiv zu halten. Die Teilnehmerinnen, üblicherweise nehmen mehr Frauen als Männer teil, sind in einem Alter von siebzig bis neunzig Jahren. Dabei stellt sich die Frage, wann ist es mitten im Leben – ist dies mit vierzig, fünfzig oder sechsundsechzig Jahren? Wird es so verstanden, dass *mitten im Leben* einfach heißt, am Leben Freude zu haben? Jeder, der an den Mitmenschen Interesse zeigt, am Alltagsgeschehen teilnimmt, befindet sich *mitten im*

Leben. Da spielt das kalendermäßige Alter keine Rolle. Wer sich aus dem Alltag, aus den Beziehungen zu anderen Menschen ausklinkt, befindet sich auch mit vierzig Jahren nicht mehr *mitten im Leben.* Der Tournee-Titel von Udo war ein positives Signal für aktive ältere Menschen. Schon einmal hat er mit einem Schlager, *Mit 66 Jahren fängt das Leben erst an...,* älteren Personen Mut gemacht.

In manchen Geschäften wird, wenn man auf die Ladentür zuschreitet, mit dem traditionellen *Auf Wiedersehen!* verabschiedet. Zumeist gibt es den üblen Nachruf *Einen schönen Tag noch!* Dem *Auf Wiedersehen!* der Backwarenverkäuferin, sofort nach dem Bezahlen, lag wohl in ihrer Absicht, in die Mittagspause zu entschwinden? Ich war gerade dabei, aus meiner Jacke eine Plastiktragtasche zu ziehen, um die Backwaren zu verstauen. Viele Frauen arbeiten heute als Teilzeitkräfte, war für sie Dienstschluss? Dies war hier nicht der Fall. Ihre Erklärung, stehe ich vor der Tür, wäre es für einen Abschiedsgruß zu spät. Nach meinem Empfinden war ich von der Absicht, die Bäckerei zu verlassen, weit entfernt. Es dürfte die Art der Verkäuferin sein, alles in einem *Aufwaschen* zu erledigen. Die Begrüßung, die Bedienung, das Kassieren und die Verabschiedung, alles nonstop; ohne darauf zu achten, in welchem Stadium sich der Kunde gerade befindet. Schlimmer als bei den Lebensmitteldiscountern, dort habe ich das Gefühl, ich soll möglichst rasch aus dem Kassenbereich verschwinden. Für die Kassiererinnen in den Supermärkten ist es ein Sport, die Lebensmittel so schnell wie möglich am Scanner vorbeizuschleusen. Ein sportlicher Wettbewerb, den Warenberg möglichst rasch von einer Seite auf die andere zu schaffen. Dazu passt: *Wir sind hier Kunden, keine fliehenden Bankräuber.*

Im Zeitalter des Internet und der Handykultur verschwinden immer mehr Einrichtungen aus dem öffentlichen Raum, ohne dass dies auffällt und wir sie vermissen. Dies betrifft den ländlichen Bereich genauso wie die Städte. Wer ist im Dorf oder in der Stadt für den Ablauf seines Alltags heute auf eine öffentliche Uhr angewiesen? Außer an der Fassade oder in der Eingangshalle vom Bahnhof gibt es im öffentlichen Bereich kaum noch Uhren. Ein großes Chronometer, auf dem man die Uhrzeit vom Gehsteig aus ablesen kann. Fast ausnahmslos hat jeder sein Handy in der Jackentasche und blickt zwischendurch immer wieder darauf. Vielen Handybenützer geht es einfach um die Uhrzeit. Je weniger die traditionellen Armbanduhren von den Jugendlichen getragen werden, umso größer ist das Angebot in den Schaufenstern der Uhrmacher. Vor Jahrzehnten war es üblich, dass die Mädchen und die Burschen beim Empfang der *Heiligen Firmung* von der Firmpatin oder dem Firmpaten nebst einem Rosenkranz eine Armbanduhr als Geschenk erhalten haben. Jahre später war ein Fahrrad das passende Geschenk. Eine öffentliche Uhr am Hauptplatz oder im Stadtpark dient vielen Verliebten als Treffpunkt für eine Verabredung. Damit werden zwei Fliegen auf einen

Streich erledigt. Zum einem weiß jeder wo sich der Treff-punkt befindet, zum anderem kann man die Pünktlichkeit des Partners im Auge behalten. Vor der Jahrtausend-wende konnte man sich eine Woche vorher für den nächsten Samstag für 14 Uhr, Treffpunkt Weikhard-Uhr am Grazer Hauptplatz, verabreden und der Termin war *bombensicher.* Dazwischen brauchte es keine Telefonate und es gab keine Terminverschiebungen, wie wir es heute, Dank oder Fluch des Handys, erleben. Die Wei-khard-Uhr zählt heute zu den wenigen Relikten öffentli-cher Uhren. Diesen Treffpunkt gibt es seit vielen Gene-rationen. Während meines Präsenzdienstes in Graz diente diese Uhr als *Stelldichein.* Die Amokfahrt eines 26-jährigen durch die Grazer Innenstadt liegt einige Monate zurück. Eventuell hatten sich Verliebte zu dieser Zeit, an dieser Stelle, verabredet und mussten die Amokfahrt mit den tödlichen Folgen mit ansehen. Ein vergleichbares Schicksal wie den öffentlichen Uhren ereilt die Briefkäs-ten. Einstmals gab es an jeder Straßenecke einen, die leuchtend gelbe Farbe hat einem sofort ins Auge gesto-chen. Nach der Verbreitung von Fax und E-Mail, dem Verschicken von SMS wurden viele Briefkästen abmon-tiert. Befindet man sich nicht in der Nähe des Haupt- o-der Bahnhofpostamtes, bedarf es *Adleraugen,* um heute noch einen Briefkasten auszumachen. Da nützen auch die flotten Sprüche, welche die Briefkästen zieren, nichts: *Wenn es sicher sein soll, dann lieber mit der Post* oder *Die Post bringt jedem etwas.* Um in den Genuss von Sozialleistungen zu kommen, ist es heute von Amtswegen unerlässlich, dass man über eine ständige Wohnungsadresse verfügt.

Für Geldüberweisungen über ein fixes Bankkonto. In naher Zukunft wird dafür eine Handynummer oder ein Googlekonto genügen.

Die Bewohner von Einfamilienhäusern gehen mit den Jahren eine innige Gemeinschaft mit ihrem Domizil ein. Dies trifft auf Eigenheime stärker zu als bei Eigentumswohnungen. Die Schicksalsstunden, welche man dort erlebt hat, verbinden. Mit dem Alter sieht man im Hausbesitz keinen Ruhepol im Leben, sondern einen Unruhepool. Der Besitz hält einen ständig auf Trab wie ein Mühlrad, welches in Bewegung ist. Es entsteht der sehnliche Wunsch, nicht länger das Mühlrad zu sein; diese Funktion abzugeben und das Haus zu vermieten. Vernünftigerweise in einer kleineren Wohneinheit zu leben, als von der Erhaltung eines Hauses erdrückt zu werden. Dort gibt man sich, um Ruhe zu finden, mit weniger Wohnraum zufrieden. Bei einem Besuch im alten Zuhause steht man Monate später vor einem neuen Gartentor und einem fremden Namen daran. Der Eingang hat sich verändert. Die Skulpturen im Innenhof und die Dekorartikel in der Loggia zeugen von einem anderen Geschmack. Dem hiesigen Empfinden entsprechen die Arrangements nicht. Der Wind weht aus dem Südosten. Dazu gesellt sich die Sorge, das Haus könnte den fremden Geschmack annehmen. Jahrzehnte hat man darin gewohnt, jetzt kommt es einem fremd vor. Die Heimat ist nur geliehen.

Der begüterten Bevölkerung aus den Städten Florenz, Venedig oder Mailand war es möglich, die heißen Sommermonate im kühleren Hinterland zu verbringen. In eigens dafür errichteten Landhäusern, von dort kehrten sie erst im Herbst in die Städte zurück. Der Adel verbrachte die schwüle Jahreszeit weiter nördlich, im Gebirge, in Südtirol oder in Kärnten. Teilweise errichteten sie hier Schlösser und Residenzen, die einzig dem Zweck dienten, im Sommer einen *Hitzefluchtpunk*t zu haben. Die Haupturlaubszeit für die Italiener sind die Tage um Christi Himmelfahrt. Zu Ferragosto, wie diese Tage bezeichnet werden, machen viele Firmen Betriebsurlaub und die öffentliche Verwaltung arbeitet auf Sparflamme. Daher trifft man im August die meisten italienischen Urlauber in Kärnten. Die Höchsttemperaturen liegen bei uns im Juli und im August bei dreiunddreißig Grad. Diese empfinden sie noch für erholsam. So ist nicht verwunderlich, dass die Besserverdienenden von den südlichen Nachbarn in den Nockbergen Zweitwohnsitze erworben haben. Nachdem es in Italien wirtschaftliche Probleme gibt, ist die Nachfrage ins *Stottern* geraten. Es herrscht jetzt ein Über-angebot. Manche Ferienwohnungsbesitzer melden sich einfach nicht mehr und stellen die Zahlungen für die Betriebskosten ein. Wer es nicht so laut und schrill wie an der Oberen Adria will, wo ein Event dem anderen *die Hand gibt,* der urlaubt an den vergleichsweise beschaulichen Kärntner Seen. Hier findet man echte Abkühlung. Bei einer Liebe zu den Bergen bieten sich die Südtiroler Dolomiten an. Die Sommermonate sind an der Oberen Adria die teuersten Urlaubstage des Jahres. Für Kärntner sind dies die *Hundstage*. Noch können sich heimische Firmen nicht dazu entschließen, von ihren üblichen Öffnungs- und Arbeitszeiten abzurücken. Im Süden ist es üblich, dass die Geschäfte bis 13 Uhr und dann erst wieder ab 17 Uhr geöffnet haben.

II

In Südösterreich verbreitet sich der Trend, die Wochenenden am Wasser zu verbringen. Größtenteils im Strandbad unter einem schattigen Baum. Bei Tropentagen flüchten Menschen vermehrt in den hochalpinen Bereich. Diese Regionen sind in Kärnten durch Seilbahnen und Hochalmstraßen zu erreichen, davon gibt es einige. Für manche ist die Fahrt zur Kölnbreinsperre auf der Malta Hochalmstraße und ein Spaziergang rund um den Stausee eine willkommene Auszeit. Werden in den Nachrichten landesweite dreiunddreißig Grad angesagt, so herrschen in zweitausend Meter Seehöhe kühle zweiundzwanzig Grad. Der Zustrom zur Mautstelle der Hochalmstraße in den frühen Morgenstunden ist groß, darunter viele italienische Urlauber. Die Fahrt zum Speicher mit den spektakulären Wasserfällen zählt zu den Top-Ausflugszielen im Lande. Die Wasserfälle werden nachtsüber dem Stausee zugeleitet. Auf Knopfdruck werden sie am frühen Morgen wieder eingeschaltet, ein Hinweis der Naturparkverwaltung. Zu den Naturgewalten kommt an den Sommerwochenenden ein weiterer Publikumsmagnet, der Bungee-Jumping-Sprung von der 200 Meter hohen Staumauer. Es ist ein spektakulärer Sprung in die Tiefe und man hat eine große Zuschauermenge. Viele

Ausflügler wollen sich den freien Fall der mutigen Kandidatinnen und Kandidaten keineswegs entgehen lassen. Dazu ertönt lautstarke Musik und ein Sprecher kündigt den 165-Meter-Sprung an: Fünf, vier, drei, zwei eins, los. Die Wagemutigen springen schon bei drei aus der Kabine, welche von einem Kran gehalten wird. Der Sprung endet knapp über dem Boden der Talsperre, dann wird der Klient noch einmal bis an die Oberkante der Dammkrone hochgeschleudert und pendelt langsam aus. Mit einer Kabine werden die Wagemutigen am Talboden abgeholt. Mit dem Handy als Filmkamera ist man live dabei.

III

Wer diesem Spektakel ausweichen will, hat die Möglichkeit, den Stausee entlangzuwandern. Vor der Musik gibt es kein Entkommen. In der etwa eine Gehstunde entfernten Gedenkstätte hört man immer noch die Musik und die Ansagen des Sprechers. In einem schneckenförmigen Betonbau gedenkt man der vierundzwanzig Toten, welche es beim Kraftwerksbaus während der Jahre 1971 bis 1978 gegeben hat. Man betritt das *Schneckenhaus* durch einen offenen Bereich, um im Zentrum vor der Tafel mit den Namen der Toten und einer Marmorstatue zu stehen. Die Statue ist für mich das Abbild einer Mutter, die ihr Baby in die Arme schließt, oder ein Wesen, welches die Verunglückten aufnimmt? Bei den Namen der Toten finden sich kein Geburts- und kein Todesdatum, als hätte das Wasser diese Daten für immer verschluckt. Auf welche Weise sie beim Kraftwerksbau um das Leben gekommen sind, wird an keiner Stelle erwähnt. Ein Kind fragt seinen Vater, wie und wodurch die Menschen beim Bau zu Tode gekommen sind: „Manche sind beim Betonieren vom Gerüst in den Tod gestützt und wohl im Beton begraben." Ich sage es dem Vater nur nach, für mich bezweifle ich diese Version. Meinem Dafürhalten gab es bei den Sprengarbeiten, den Tunnelbohrungen, beim Gerüstbau oder durch Lawinenabgänge die Todesfälle. Aus dem Gedenkraum trete ich in das Freie, auf eine Brüstung, und erblicke das türkisfarbene Wasser des Stausees, eingerahmt von den felsigen Gipfeln. Mehrere Dreitausender, mit vereinzelten Schneefeldern. Das letzte Drittel der Berge ragt in den Himmel, der Rest bleibt in den Fluten verborgen. Talauswärts ist das Berghotel und auf der Dammkrone der Felbermayerkran sichtbar, von dem sich, unter dem Gejohle der erlebnishungrigen Zuschauer, die Freiwilligen in den *Sekundentod* stürzen.

Oftmals werde ich gefragt: *Wie kann man sich die Arbeit eines Schriftstellers vorstellen?* Dies passiert nach einer öffentlichen Lesung oder wenn ich von meinem Weblog berichte. Ich erzähle, wie meine Literaturminiaturen, welche ich seit dreizehn Jahren auf dem Blog *Schlagloch* veröffentliche, zustande kommen. Manche Zuhörer kennen die abenteuerlichsten Anekdoten, wie Schriftsteller der Intuition nachhelfen, in ihrem Gehirn den Schreibimpuls auslösen. So gibt es eine Episode von einem Autor, der in einer Schublade des Schreibtisches faule Äpfel liegen hatte und durch den Fäulnisgeruch zum Schreiben angeregt wurde. Ein anderer brauchte ein Dutzend gespitzter

Bleistifte am Pult, damit seine in Fluss gekommenen Gedanken beim Niederschreiben nicht abreißen. Es gibt Literaten, welche nach zwei Viertel Wein von der Muse geküsst werden, sich genüsslich an den PC setzen und eine Pfeife anzünden. Jeder, der Texte verfasst, kann mit einem persönlichen Schreibimpuls aufwarten. Es ist möglich, dass nach dieser Aufzählung einige ihren ganz persönlichen Schreibimpuls preisgeben. Die Kommentarfunktion im Blog ist für alle offen. Die unterschiedlichen Tageszeiten spielen beim Schreiben eine Rolle. Ähnlich wie für andere Tätigkeiten gibt es Morgen-, Abend- oder Nachtmenschen. Schriftsteller, welche fleißig wie Ameisen sind, benützen täglich ihre Notizhefte, die Schreibmaschine oder den PC, um ihre Gedanken, Erinnerungen und Spekulationen festzuhalten. Wieder andere warten auf den göttlichen Moment, auf eine spontane Eingebung, um diese dann niederzuschreiben. Eine wichtige Rolle spielt der Platz zum Schreiben. Ist es in der Wohnung immer derselbe Ort oder zieht man es vor, den Platz zu wechseln? Wird erst beim Unterwegssein, in der Wartehalle von einem Bahnhof, bei einer Zugfahrt oder an einem fremden Ort der Schreibimpuls ausgelöst?

II

Nach den Spekulationen um das Schreiben ist es angebracht, vom eigenen Nachdenken, vom Prozess bis zur Verschriftlichung zu erzählen. Häufig ist ein bestimmtes Wort während einer Unterhaltung der Auslöser für meine Literaturminiaturen. Von mir oder von jemandem anderen geäußert, im weitesten Sinne auch eine Meinung. Eine

Nebensächlichkeit, Begebenheiten, die anderen keinen Blick wert sind, können Ausgangspunkt für einen Text werden. Zuerst werden sie in einer handschriftlichen Notiz in meinen Tageheften festgehalten. Diese Notizen werden durch Erinnerungen und Erlebtes erweitert. In der Wohnung ist es immer derselbe Schreibplatz, das *Schreib-und Katzenzimmer*. Tagsüber, zumeist am Nachmittag wird diese Kammer von mir zum Schreiben benützt, nachtsüber dient es der Wohnungskatze als Schlafraum. Wie komme ich zu diesem Text? In einer Notiz in meinem Tageheft habe ich festgehalten, dass Berufstätige mir gegenüber den Wunsch geäußert haben, im Ruhestand möchten sie auch schreiben. Dabei denken sie an eine Autobiographie. Sie bewerten ihre Tätigkeiten und Erlebnisse für so spannend, dass es andere interessieren könnte. Sie vermuten nicht, dass erfundene Geschichten zumeist mitreißender klingen als die Tatsächlichen. Von Personen, welche über Talent verfügen, ist es ein konkretes Vorhaben, im Ruhestand ein Buch zu veröffentlichen. Warum ich den Namen *Schlagloch* für meinen Blog ausgewählt habe, erweckt ebenso die Neugier von Bekannten und Zuhörern. Da bin ich in der genüsslichen Lage, auf den ersten Eintrag in meinem Blog zu verweisen. Heute würde ich den Namen genauso definieren, aber etwas phantasievoller erklären.

Blättert man in älteren Urlaubsprospekten, dann sind die Unterschiede zwischen den Ferienerlebnissen von heute und von vorgestern unübersehbar. In der Rente habe ich alle *gefühlte* Zeit der Welt und etwas mehr Urlaubsbudget zur Verfügung. Von einer Ostseereise zurückgekehrt, führt mein erster Radausflug, welchen ich schon sehnlichst erwartet habe, zum *Unterbergerbrunnen* beim Draukraftwerk in Villach. Diesen Rastplatz hat man als Oase der Ruhe angelegt, abgeschirmt durch einen Kranz aus Sträuchern. Ausgestattet mit Sitzbänken und zum Schutz vor Regen mit Plexiglas überdacht. Der Marmorbrunnen, eine Säule mit vier Schlüssellöchern, angedacht an die vier Jahreszeiten oder Himmelsrichtungen, ist ein Werk des Hermagorer Bildhauers Unterberger. Er wurde anlässlich der Inbetriebnahme des Wasserkraftwerkes aufgestellt. Das Brunnenwasser wurde schon vor einigen Jahren abgedreht. Wahrscheinlich hat der Verfall vom Brunnen damit begonnen, dass der Abfluss verlegt war. Durch rastende Besucher, die Verpackungspapiere achtlos entsorgt haben, oder durch Laub von den umliegenden Bäumen und Sträuchern. Anscheinend fühlt sich niemand für die Pflege des Brunnens und des Rastplatzes zuständig. Weder die Stadt noch die Kraftwerksbetreiber. Den Brunnen hat man seinem Schicksal überlassen, wie ein weggelegtes Kind. Ein Großteil der Plexiglasüberdachung ist zerstört, an der Brunnensäule zeigen sich Risse. Zurzeit ist der unmittelbare Bereich um den Brunnen durch Baugitter abgesperrt. Der Drauradweg ist ein Publikumshit geworden, hier wurde ein Schritt rückwärts gemacht.

Die Zugfahrt von Villach nach Hamburg dauerte zwölf Stunden. Die Fahrt möchte ich keinesfalls missen. Ein Zugabteil ist ein menschliches Biotop. Bei der Ostseereise mit Abfahrt in Kiel entlang der Küste bis nach Sankt Petersburg standen täglich Stadt- und Museumsbesichtigungen auf dem Programm. Das nördliche Klima bedeutete für mich eine Umstellung, es hat die Vorstellung von Meer verändert. Bislang waren meine Eindrücke durch die Obere Adria geprägt, diese liegt vor meiner Haustüre. Die Küste und die Städte an der Oberen Adria sind für mich in zwei bis drei Autostunden erreichbar. Im Norden war das Wetter wechselhaft und windig. Es wechselten sich Sonnenschein und Wolken mit kurzen Regenschauern in schneller Folge ab. Eine Windjacke war bei den Ausflügen immer dabei. Die Temperaturen hatten mit unseren Temperaturen im Sommer nichts gemein. Ein Badetag an der Ostsee stand für uns von vornherein nicht auf dem *Speiseplan*. Die Geburtsstätte für den Strandkorb liegt an der Nord- und Ostsee, dies wurde uns bei den Windböen klar. Dazu eine Episode: Von einer Reisebekanntschaft wurden wir darauf hingewiesen, dass auch die Badeseen in Kärnten keine warmen *Lacken* sind. Vor einigen Jahren haben sie einen Badeurlaub am Weißensee in Kärnten verbracht. Vom deutschen Reisebüro wurde ihnen der Aufenthalt empfohlen, da der Weißensee der wärmste Badesee von Kärnten sei. Während ihres Urlaubs herrschte zeitweise Schlechtwetter, das Badevergnügen fiel in das Wasser. Von ihrer Seite war der Vergleich mit der Ostsee naheliegend. Für uns ist der Weißensee der höchst gelegene Badesee Österreichs und der kälteste See in Kärnten. Steige ich am Villacher Hauptbahnhof aus dem Zug, empfinde ich die vielen Eindrücke der Städtereise gerade so, als ob ich nach einem Film aus dem Kino hinausgehe. Noch eine Ähnlichkeit fällt mir ein. Im Gedächtnis sind die spektakulären und die problematischen Vorfälle von der Tour besser haften geblieben als die entspannenden Ereignisse. Mein Glück sind die Notizbüchlein, in denen ich, soweit es eine geführte Stadttour erlaubt, markante Eindrücke festhalte. Neuerdings kommen dazu Fotos mit dem Smartphone. Das ziellose Streunen durch die Stadt erlaubt mehr Wahrnehmungen als die Hop-on/Hop-off-Stadttouren, wie sie heute überall angepriesen werden.

Ich bin bestimmt nicht der Einzige, welcher darüber nachdenkt, wie sich die Gesellschaft durch die Verwendung der Mobilfunkgeräte entwickeln wird. Es gibt widerstreitende Ansichten. Die eine Strömung setzt darauf, dass jeder mit jedem vernetzt und überall erreichbar ist. Die Generation bis Dreißig vertraut vollkommen dem Handy und dem Internet. Diese Jahrgänge benützen bei einer Autofahrt durch Österreich oder in das benachbarte Ausland keine Straßenkarte und orientieren sich nicht an den Straßenschildern. In der Stadt braucht es keine Unterstützung durch einen Stadtplan, viel lieber lässt man sich von einem sprechenden Handy leiten. Gehen dadurch viele natürliche Instinkte und Fähigkeiten verloren wie der Orientierungssinn und die Fähigkeit, sich bestimmte markante Merkmale einer Stadt einzuprägen? Mit einem gewissen Stolz stelle ich fest, sind wir in einer fremden Stadt unterwegs, kann ich mir bestimmte Gebäude und Lokalitäten gut merken. So finden wir problemlos in die Unterkunft zurück. Ebenso kann ich mich bei einem Ausflug an besondere landschaftliche Gegebenheiten erinnern, so ist eine Rückfahrt ohne Umwege möglich; bei einer Wanderung mit Unterstützung einer Wanderkarte zielstrebig den richtigen Weg einschlagen. Dazu gehört die Fähigkeit des Kartenlesens. Diese Kenntnis habe ich mir beim Bundesheer in Graz angeeignet. Eine spannende Aktivität im Ausbildungsprogramm war der Orientierungslauf. Dabei wurden wir mit einem Militärtransporter von der Belgierkaserne in die umliegenden Wälder von Graz gebracht und dort mit einer Wanderkarte *ausgesetzt*. Auf dieser waren fünf Kontrollpunkte eingezeichnet, die wir passieren mussten.

II

In Gruppen von fünf Personen wurden wir, versorgt mit Proviant für einen Tag, losgeschickt. Um unseren Ehrgeiz anzustacheln, gab es für die Gruppe, welche als Erste das Ziel erreicht, ein besonderes *Zuckerl*, einen Tag dienstfrei. So motiviert, rannten wir in Viertelstunden-Intervallen vom Start los. Um keine Zeit zu verlieren, verzichtete unsere Gruppe auf eine Mittagsrast. Wir öffneten die Fleischschmalzdose während des Marschierens und aßen die Schmalzbrote beim Gehen. Im Ziel mussten wir festzustellen, andere Gruppen waren schneller. Die meisten von uns machten sich beim nächsten Orientierungslauf, in frischer und schöner Umgebung, einen bequemen Tag. Wir ließen uns nicht zweimal bitten, wenn wir von Bauersleuten zu einem Glas Most und einer Jause eingeladen wurden. Auch die Gelegenheit, auf einem Traktor mitzufahren, ließen wir uns nicht entgehen. Heute bedient man sich allerorts der Navigationsgeräte, die sich im Auto genauso wie im Wanderrucksack befinden. Es gibt kaum jemanden, der alleine, alleine im Sinne ohne Handy, eine Autofahrt oder eine Wanderung unternimmt. Habe ich vorhin geschrieben, dies betreffe zumeist die Generationen bis dreißig, so erlebte ich es vor kurzem anders. Im Almgasthof bei der Kölnbreinsperre kehrte eine Wandergruppe von Pensionisten aus dem Raum Bleiburg ein. Hinter ihnen lag eine Wanderung zur Osnabrückerhütte. Kaum hatten sie sich in der Gaststube niedergelassen, wurden von den Pensionisten die Handys aus dem Anorak oder dem Rucksack gezogen. Die Nachrichten gecheckt und telefoniert, erst danach bei der Hüttenwirtin die Bestellung aufgegeben. Frei nach Brecht: *Das Telefonieren kommt vor dem Fressen und der Moral.*

III

Das Ziel der Softwareentwickler ist, den Menschen in vielen Bereichen zu optimieren. Auf der anderen Seite verkümmern dadurch natürliche Fähigkeiten. Er verliert die Möglichkeit, seine Sinne zu schärfen. Was wird für die Zukunft der bessere Weg sein, vieles ist ungewiss? Einen Vorteil haben diejenigen, welche die schrilleren Medien und besseren Vermarkter hinter sich haben. Auf diese *Schiene* gerät man, macht man mit Kids einen Ausflug auf die Alm. Für sie ist es uncool, während der Fahrt einen Blick auf die herabstürzenden Wildbäche, Almwiesen und weidende Kühe zu machen. Ist Interesse für die Landschaft vorhanden, dann hält man das Handy beim Autofenster hinaus und filmt die vorbeifliegende Bergwelt. Das Video wird dann im Auto angeklickt. Das dritte Auge des Menschen ist die Fotolinse des Handys. Es wächst eine Generation mit geringer Naturerlebnisbereitschaft heran. Wer aktuell ist, blickt lieber auf die virtuelle Natur auf dem Bildschirm. Vom Sinn einer Wanderung sind sie zumeist nicht zu überzeugen, sie bleiben lieber im Auto am Parkplatz zurück. Dort können sie ungestört dem *Allzeitbuttler*, dem Handy, frönen. In den Medien bekommen wir die immer motivierten Jungs und Mädels zu sehen. Diese betreiben Sport, interessieren sich für die Erhaltung der Natur, sammeln Spenden für soziale Zwecke. Als Elternteil oder als Großelternteil braucht es eine Ausbildung als Motivationstrainer, um noch ein befriedigendes Ergebnis mit dem Nachwuchs zu erzielen?

Beim Lebensmitteldiskonter in Völkendorf herrscht seit einigen Wochen eine *aufgeheizte* Atmosphäre. Daran sind nicht nur die hohen sommerlichen Temperaturen schuld, dazu kommt, dass auf der anderen Straßenseite ein Getränkediskonter seine Pforten öffnet. Dies ist möglich, nachdem erstgenannter Lebensmittelmarkt neu gebaut hat und sein ehemaliges Geschäftslokal vom Getränkediskonter okkupiert wurde. Bei der Verkaufs-promotion dieser Woche hat ein großgewachsenes, schlankes Fräulein im Eingangsbereich Käsewürfel zur Verkostung angeboten. Bekleidet mit einer roten *Pleamle*-Bluse, versuchte sie die eintretenden Kundinnen zu einer Kostprobe zu animieren. Auf der Promotionstheke lagen Folder der Kärntner Molkerei und unter zwei Glaskuppeln Käsebrötchen, einmal mit Schimmelkäse, einmal mit Hartkäse. An der Supermarktkassa gab es beim Bezahlen einen Stau, von dreien war nur eine geöffnet. Um die Mittagszeit haben es die Kunden, welche sich eine Jause besorgen, eilig. Zwischen den Imbisskäufern warteten Menschen mit einem Dreitageseinkauf; ältere Menschen, welche mehr als einen Kassenbon erwarten, etwas Zuwendung und drei persönliche Sätze. Der junge Bursche, ein routinierter Kassierer, hilft auch einmal einer betagten Frau, das Geld aus dem *Börserl* zu fischen. So werden in der Warteschlange immer mehr Rufe laut, eine zweite Kassa zu öffnen. Beim Verlassen des Lebensmitteldiskonters weise ich die Käseprobenverteilerin darauf hin, man würde dringend jemand Zweiten zum Kassieren brauchen. Ihr Stand wäre entbehrlich. Abwehrend hebt sie die Hände und verweist darauf, sie sei nur eine Praktikantin. Dies entlockt der Wurstverkäuferin hinter der Feinkosttheke ein Schmunzeln. Ein beleibter Herr gesellt sich zu uns, entnimmt der Käseglocke eine Probe und ist mit dem Geschmack des Käses sehr zufrieden. Ihn würde interessieren, wie viel die Kärntner Bauern von der Molkerei für einen Liter Milch bekommen? Das Gesicht der

Praktikantin verwandelt sich in ein großes Fragezeichen. Für die anspruchslosen Arbeiten, wie Kostproben verteilen oder saisonale Waren vor dem Geschäft zu verkaufen, werden vornehmlich Lehrlinge oder Praktikantinnen eingesetzt. Dieses Los erwischte auch einmal eine Nichte von mir. Als Konsumlehrling musste sie in der närrischen Zeit auf dem Bahnhofsvorplatz in Villach Faschingskrapfen verkaufen. Von zarter und kleiner Statur, stand sie bei Minustemperaturen im Freien und versuchte mit dem Ruf *Frische Krapfen!* den Berg von Krapfen abzubauen. Auf dem geräumigen Platz hinter dem großen Standl machte sie in der Winterkälte einen erbärmlichen Eindruck. Von dieser Tätigkeit gibt es kein Foto. Immer noch sehe ich sie im weißen und dünnen Verkaufsmantel, mit dem Konsumlogo auf der Brust, vor dem Forum-Kaufhaus stehen.

Beim Radfahren an der Drau vermisse ich mein aktuelles Notizbüchlein und greife nach dem Notizheft in der Satteltasche. Auf den Tag genau findet sich dort ein Eintrag, welcher acht Jahre zurückliegt. Schnell werde ich in diese Zeit zurückversetzt. Die große Zeitverschiebung besteht darin: Der Eintrag verbindet die damalige Befindlichkeit mit Ferienerlebnissen in den Jugendjahren. Von Arnoldstein kommend, bin ich damals beim Sonnenblumenfeld in Warmbad angelangt. Es war acht Uhr abends und ich machte eine Pause. Meine Empfindungen waren nach einem Kuraufenthalt gestört, die Gymnastikübungen haben eine psychisch unstabile Phase ausgelöst. Durch das

Radfahren hoffte ich das Gleichgewicht wiederzu-erlangen. Mein Fokus ist in die Zukunft gerichtet. Wie werden die nächsten Jahre, die letzten vor der Rente, in der Selbstständigkeit verlaufen? Durch Rückblendungen in das Vorvorgestern versuche ich Stabilität zu erlangen. Habe ich Erinnerungen an die Ferien in der Kindheit? In den sechziger Jahren arbeitete meine Schwester als Serviererin und Stubenmädchen in einem Hotel am Wörthersee. Den Höhepunkt der großen Schulferien bildete für mich ein Besuch an ihrem Arbeitsplatz. Bei diesem Ausflug wurden wir, die Geschwister und ich, vom Vater oder von der Mutter begleitet. Keinesfalls von beiden Elternteilen, dies war eine eiserne Regel. Nie nahmen beide Elternteile an einem längeren Ausflug teil. So konnte man verhindern, dass bei einem Unglück im Straßen- oder Zugverkehr Vater und Mutter gleichzeitig etwas zustoßen könnte. Der Bauernhof wäre verwaist gewesen, ein Notstand bei der Versorgung der Haustiere und von uns Kindern. Dazu kam auch, dass eines der Geschwister bei einem Elternteil zu Hause am Hof blieb. Um diesem bei einem Unglück bei der Versorgung der Schweine, Kühe und Hühner zu unterstützen. Es gab keine gemeinsamen Familienausflüge, die Fürsorge für die Landwirtschaft hatte vor allem anderen Vorrang.

II

Die Schwester arbeitete in einem Sommer im familiären Hotel Miralago in Pörtschach am Wörthersee. Das Hotel liegt direkt am Ufer mit eigenem Badestrand, Bootshaus, Bootssteg und hoteleigenen Ruderbooten. Sie servierte dort morgens das Frühstück und räumte am Vormittag die Zimmer auf. Bei einem Besuch saßen wir, während ihrer Zimmerstunde, gemeinsam auf der Hotelterrasse, blickten auf den Wörthersee und genossen ein Eis. Zum Trinken gab es für uns Kinder zumeist Almdudler. Dabei beobachteten wir die vornehmen Gäste beim Sonnenliegen und Baden, bestaunten die braun-gebrannten Körper der feinen Wiener Damen am Strand. Weder die Eltern noch meine Brüder konnten schwimmen. In Tanzenberg, im internatseigenen Badeteich, lernte ich als Einziger in der Familie schwimmen. Beim selben Professor, bei dem ich während eines Skikurses auf der Flattnitz Schifahren lernte. Obwohl wir keine Schwimmer waren, gingen wir an heißen Samstagnachmittagen mit dem Vater vorbei an Nußdorf, Groß- und Kleinegg zu Fuß in die Laggerbucht zum Baden. Zuvor hatten wir die Heuarbeit auf den steilen Wiesen in Politzen erledigt. Im Rucksack unsere schwarzen Klothhosen, die von uns beim Turnen, beim Fußballspielen und beim Baden getragen wurden. Das *Pritscheln* im Millstättersee nach einem verschwitzten Arbeitstag ersetzte zugleich das Bad von zu Hause. Dies war eine große Blechwanne mit lauwarmem Wasser gefüllt, darin konnten wir uns den Schmutz und den Staub vom Leibe waschen. Ein Badezimmer oder eine Dusche im heutigen Verständnis gab es zu meiner Jugendzeit auf dem Bauernhof nicht. Vor einigen Jahren haben wir die Schwester überrascht und mit ihr das Hotel Miralago besucht. Die Außenfassade ist unverändert, von der Terrasse führt dieselbe breite Treppe zum Badestrand. Wie vor fünfzig Jahren. Die Jugendstilvilla hat inzwischen die

Besitzer gewechselt, in den Sommermonaten wird weiterhin vermietet. Aus der Zeit als Stubenmädchen gibt es ein Foto mit der damaligen Belegschaft, aufgenommen auf der Stiege. Diese Fotoszene haben wir nachgestellt.

September

Von den Getreide- und Obstbauern werden die *Lostage* genau beobachtet. Vom aktuellen Wetter, welches an diesem Tag herrscht, lässt sich das Wetter und in weiterer Folge die Ernte für die nächsten Wochen vorhersagen. Morgen, am 5. September, hat Lorenz Namenstag und im Bauernkalender steht: *Lorenz im Sonnenschein, wird der Herbst gesegnet sein.* Ein persönlicher Lostag ist, wenn man einem Arbeitsunfall knapp entgeht oder es bei einem Autounfall nur Blechschaden gibt. Zu den schönen Lostagen zählen die Tage, an dem man seinen Partner kennengelernt hat, eine wichtige Prüfung bestanden hat und einen neuen Job bekommt. Die Lostage haben für manche Menschen ihre Gültigkeit verloren, weil durch unsere Abgase das Klima verändert wurde. Ist es angemessen, die Klimaveränderung mit den Turbulenzen auf den Finanzmärkten in Zusammenhang zu bringen? Beides wird vom Menschen beeinflusst. Die vierteljährliche Veröffentlichung des Konjunkturberichtes ist ein Lostag, dabei entscheidet sich, ob die Arbeitslosenzahlen fallen oder steigen werden. Dies bedeutet auch, ob die Aktienkurse an Wert gewinnen oder verlieren. Menschen, welche an der Börse spekulieren, haben keine ruhige Minute und blicken alle Minuten auf das Smartphone, welches die Börsenkurse anzeigt. Börsenmakler haben in ihrem Arbeitszimmer permanent drei Bildschirme *laufen*, so können sie synchron die Kurse von den wichtigsten Finanzplätzen der Welt verfolgen. Die Nervosität der Spekulanten, die mehrheitlich Raucher sind und Unmengen an Cappuccino trinken, ist sprichwörtlich.

Für uns Burschen bedeutete es einen Schritt nach vorne, als der Vater ein Moped, eine blaue Puch 50, kaufte. Diese benützten auch wir, plötzlich waren wir mobil. Das zweisitzige Moped wurde auf dem Bauernhof vielseitig eingesetzt. Zum Besorgen der Lebensmittel in Ferndorf und um die Hühnereier zur *Bachermitzi* nach Rothenturn zu liefern; um täglich morgens die Milch zur Sammelstelle in die Beinten, zur *Walderkathl* zu bringen. An den Wochenenden zur Fahrt in den weit entfernten Holzschlag, sonntags zur Heiligen Messe nach Sankt Paul. In den Sommermonaten fuhren wir mit dem Moped am Sonntagnachmittag nach Döbriach in das Ferndorfer Strandbad. Bei den Fahrten passierten immer wieder kleine *Ausrutscher*. Die erste Frage nach einem *Ausrutscher* war: Ist die *Blaue* nicht beschädigt und fahrtüchtig? Alles andere war nebensächlich. Die wenigen Stunden im Ferndorfer Strandbad genügten, dass wir die nächsten Tage an einem Sonnenbrand laborierten. Zur Fütterung und dem Melken der Kühe mussten wir abends am Bauernhof sein. Das schrille Strand- und Nachtleben am See, in den wilden sechziger Jahren, ging an uns vorbei. Die Unterhaltungstempel, Rossmann und Hausboot, kannten wir nur vom Hörensagen. Unsere Trauben hingen tiefer, dies waren die Diskothek Unterstegaber in Olsach und die Kirchtage in den umliegenden Dörfern. Ein Sommer wie damals.

Bei den Flüchtlingen, welche an den Küsten des Mittelmeeres ankommen und im Fernsehen gezeigt werden, erschreckt mich die Mittellosigkeit. Sie führen nichts bei sich außer die Kleider, die sie am Körper tragen. Im besten Fall haben sie eine Plastiktragtasche von einem Supermarkt bei sich, darin ist ihr gesamtes Hab und Gut. Bedeutet dies, dass ihre Flucht nicht geplant war oder wurde ihnen alles Hab und Gut von den Fluchthelfern weggenommen? Eventuell alles auf der Flucht verloren? Besucht man eine zeitgeschichtliche Ausstellung, wo Auswandererfamilien auf dem Weg nach Amerika gezeigt werden, so sieht man in jeder Hand einen Koffer. Diesen halten sie ganz stolz und ganz fest in den Armen. Dabei ist zu bedenken, wie massiv und schwer die Koffer im neunzehntem Jahrhundert waren. Die Wohlhabenden hatten ihren eigenen Kofferträger und an den Bahnhöfen gab es den Dienstmann mit Dienstkappe und einem Schubkarren. Die Kofferindustrie hat eine lange Tradition und dabei ihre Krisen und Höhenflüge erlebt. In den Schaufenstern von einem Koffer- und Taschengeschäft sieht man eine Fülle verschiedener Modelle. Im Trend sind die Schalenkoffer, aus einem harten Kunststoffmaterial, die Form klassisch, nur die Größen und die Farben variieren. Selbstverständlich sind sie mit Rollen ausgestattet, dies ermöglicht ein leichtes und schnelles Vorwärtskommen. Für die Bequemlichkeit gibt es auf den Bahnhöfen den Abfertigungsterminal, auf den Flug- und Schiffshäfen Förderbänder und Lifte.

II

Während meiner Internatszeit transportierte ich die Unter- und Oberbekleidung sowie die Bettwäsche für zirka zwei Monate in einem braunen Koffer. Er hatte das Aussehen einer viereckigen Schachtel, hergestellt aus Hartpappe mit verstärkten Ecken. Der Deckel war mit Schnappschlössern versehen. Die fahrbaren Koffer waren damals unbekannt. Heute ist der Koffer für den schiff- und flugtauglichen Menschen ein Statussymbol. Je kleiner der Koffer, umso höher setzt man den beruflichen Status des Reisenden an. Wer sich ein gehobenes Hotel leisten kann, den erwartet im Bad alles, was er zur Körperpflege braucht. Die geschäftlichen Unterlagen erstrecken sich auf den Laptop, in einer eigenen Tasche verstaut. Bei der Biennale 2015 in Venedig stehe ich im Central Pavillon beim Eintreten vor einer Installation von Fabio Mauri. Es ist eine Pyramide von Reisekoffern *älterer* Bauart. Auf den ersten Blick denke ich an einen Hinweis auf unsere reisefreudige Zeit. Beim zweiten Blick sehe ich in der untersten Reihe einen geöffneten Koffer und darin zusammengekauert einen Asiaten. Dies könnte ein Hinweis auf die derzeitigen Flüchtlingsströme sein und die Praktiken der Schlepper. Vielerorts wird in Lkws oder Container eine Unzahl von Flüchtlingen hineingepfercht. Oftmals unter schlimmeren Bedingungen über die Grenze geschmuggelt, als dies bei Tiertransporten der Fall ist. Zumeist über Tage ohne Wasser und Brot, einmal bei extremer Hitze, dann wieder bei Kälte. Als an der Grenze von Österreich nach Italien noch kontrolliert wurde, gab es in Thörl Maglern einen Grenztierarzt, welcher die Tiertransporte überprüfte. Von ihm wurde immer wieder verlangt, dass die Tiere mit Wasser und Futter versorgt werden, bevor er die Weiterfahrt bewilligte. Heute ist die Grenze offener, mit Vorteilen, aber auch Nachteilen. Die Schlepper müssen innerhalb der EU kaum noch Kontrollen erwarten.

Ich besuche eine Verkaufsausstellung in Bruck a. d. Mur und fahre danach zur steirischen Landesausstellung *Wallfahrt – Orte der Kraft,* in Pöllau. Meine Fahrt führt durch Roseggers Waldheimat. In Krieglach bleibe ich bei Peter Roseggers Landhaus stehen und besichtige die im Original erhaltene Schreibstube und das Schlafzimmer. In diesem Zimmer ist Rosegger am 26.6.1918 gestorben. Die Uhr wurde zu seiner Todesstunde angehalten. Er ist ein fleißiger Dichter gewesen und hat über fünfzig Bücher veröffentlicht. Allesamt mit Federstiel und Redisfeder verfasst. Von Rosegger sind hauptsächlich die Geschichten über das Landleben im Jahreskreislauf bekannt. Darüber hinaus war er ein Schriftsteller, der sich mit den wirtschaftlichen, sozialen, ökologischen und religiösen Themen seiner Zeit beschäftigt hat. Themen waren der Zerfall der Dorfstrukturen durch das Bauernsterben und die aufkommende Industrialisierung. Nach meinem Erleben ist die Zeit ein Rad, es wiederholt sich vieles. Die Umgebung und die Menschen werden ausgetauscht. Zu seiner Zeit gab es viele arbeitslose Landarbeiter und durch die fabrikmäßige Herstellung von Waren beschäftigungslose

Handwerker. Der nächste Halt ist Roseggers Waldschule, inmitten von netten Holzhäusern. An ihren Fassaden sind übergroße Sat-Spiegel angebracht. Bei den Besuchern hat die Dorfschenke den meisten Zuspruch. Die Landesausstellung *Wallfahrt – Orte der Kraft* hat in einem ehemaligen Kloster, stattgefunden. Die Ausstellung zeigte religiöse Opfer- und Kultstätten in der Antike und spannte den Bogen zu den christlichen Wallfahrtsorten. Im Mittelalter entsteht der Kult der Marienverehrung. Die Heilige Maria war für die armen und einfachen Leute eine Bezugsperson und gab ihnen Hoffnung. Als Sterblicher ist man vielfältigen Gefahren ausgesetzt, welche menschlich oft nicht zu bewältigen sind. So suchen wir bei Göttern, bei Gott und Maria um Hilfe. Ein sichtbares Zeichen der Marienverehrung sind die Opferkerzen vor den Marienaltären. Jede Kerze, die hier brennt, ist verbunden mit einer Bitte oder einem Dank. Im Leben jedes Einzelnen gibt es trotz Privatversicherungen und der Absicherungen durch die Gemeinschaft immer ein Restrisiko. Dem steht man machtlos gegenübersteht. Für das Restrisiko sucht man Hilfe bei einer höheren Macht. Beim Segenswunsch *Der Friede sei mit Dir!* finde ich Trost. Im großzügigen Innenhof des Klosters wurden bäuerliche Produkte, Kerzen, Andenken und esoterische Waren verkauft. Am Pöllauberg ragt der Kirchturm der mächtigen Wallfahrtskirche weit in den Himmel.

Der Sommer langt Ende August noch einmal kräftig zu, treibt die Mittagstemperaturen in unerwartete Höhen. Im Schatten eines Obstbaumes, am Chorherrenweg des Stiftes Vorau, sitze ich auf einer Bank und lese in Wilhelm Händlers Roman *Wenn wir sterben*. Das Heu in der angrenzenden Wiese gart in der Mittagshitze vor sich hin. Das Rattern eines Traktors kommt näher, kreisförmig rechnet er das Grummet zusammen. Eine gebückte Frau mit einem bunten Kopftuch und einer blauweisen Schürze bemüht sich, mit einem Holzrechen Heurückstände aus den Vertiefungen der Wiese zu kratzen. Damit gleicht sie ein Manko des Heuwenders aus. In Rufweite fragt sie mich: „Wäre es in der Sonne nicht schöner?" – „Ja, der Wind ist kühl." Der frische Wind lässt mich im Schatten trotz Sonnenschein frieren. Dankend lehne ich ab und erkläre, dass ich am Scheitel an Aktinischen Keratosen leide. So sitze ich bei Sonnenschein vorwiegend im Schatten oder benütze eine Kappe. „Wohnen sie in Vorau oder in der Umgebung?" So könnte ich ihr vielleicht sagen, wer zurzeit in der Totenhalle aufgebahrt ist? Beim Vorbeifahren hat in der Leichenhalle Licht gebrannt, ein Zeichen dafür, dass jemand verstorben ist. Die späte Hitze macht älteren Leuten zu schaffen und manches Mal *derpackt* es das Herz nicht mehr. Meistens ist es Herzversagen, wenn an solchen widernatürlichen Tagen geschundene Landarbeiter morgens nicht mehr aufstehen; von der Bäuerin im Bett tot aufgefunden werden. Bei der Heimfahrt soll der Bauer kurz bei der Totenhalle stehenbleiben, sie will einen Blick auf den Toten werfen. Bei den sommerlichen Temperaturen hat man es mit der Beerdigung immer sehr eilig. Sie möchte auf keinen Fall, wie es jetzt in Vorau Mode wird, verbrannt werden. Die Hinterbliebenen sollen einen stabilen Eichensarg kaufen und für ein ordentliches Begräbnis sorgen. Dies habe sie auf jeden Fall verdient, sie habe ihr Lebtag fleißig gearbeitet. „Woher kommen sie, aus Villach?" Eine Frau aus dem Ort hat vor Jahren nach Villach geheiratet, leider sei ihr der Name entfallen. Vielleicht würde ich sie dann kennen.

II

Die Dirn erzählt weiter: Zu Maria Himmelfahrt hat ein furchtbares Unwetter Vorau heimgesucht. Die Hagelgeschoße waren nicht rund und glatt, sie hatten Stacheln. Diese zeigten eine besonders zerstörerische Wirkung. Das Gras wurde auf den Boden gedrückt und ist so für den Heuwender schwer greifbar. Wie das Unwetter über Vorau hereingebrochen ist, hat sie im Herrgottswinkel eine Kerze angezündet und zum Beten angefangen. Als sie mit dem Rosenkranz zu Ende war, war auch das Gewitter vorüber. Der Gottesmutter sei Dank. Sie müsse weitermachen, der Sohn vom Bauer kommt, um die Heuschwaden zu silieren. Vis-à-vis vom Stift stehen am Hang in einer Waldschneise drei Kreuze, beim genaueren Hinsehen sind es Strommasten. Am nächsten Morgen kaufe ich in der Buchhandlung im Ortszentrum ein Bilderbuch. Beim Bezahlen sehe ich auf einer Anschlagtafel hinter dem Kassenpult vier Partezetteln in Augenhöhe. Die Partezettel sind nicht zu übersehen. Die Verstorbenen werden in den Bezahlvorgang eingebunden. Noch einmal rufen sich die Ida, die Ingeborg, der Alois und der Ferdinand bei allen Kunden in das Gedächtnis zurück. Die weibliche Hauptfigur im Roman *Wenn wir sterben* leidet an Aktinischen Keratosen. Milla wünscht sich, aus ihrer Haut zu fahren. Zitat: „Als du aus deiner Haut gefahren bist, hast du dir keine großen Gedanken darübergemacht, ob du einfach in eine andere Haut geschlüpft bist oder ob es vielleicht sogar ganz ohne Haut geht."

Nur wenige Haushalte auf dem Land hatten in den sechziger Jahren ein Telefon. In unserer Nachbarschaft, im mittleren Drautal, gab es im Gasthof einen öffentlichen Fernsprecher. Dieser Fernsprecher wurde zumeist von den umliegenden Bauern in Anspruch genommen, um mit dem Vieh- und Holzhändler, dem Tierarzt oder dem Lagerhaus Geschäfte zu erledigen. Bei einem Unwetter konnte man die Feuerwehr, bei einem schweren Krankheitsfall den Hausarzt verständigen. Der Gasthof war auch eine Tauschbörse für Neuigkeiten. Zu den Wirtsleuten hat man ein paar Worte darüber *verloren*, zu wem und warum man telefoniert hat. Der Inhalt des Telefonats ist nicht geheim geblieben. Vorschnell könnte es mit dem Telefonieren verglichen werden, wie wir es heute in der Öffentlichkeit erleben. Heute hören wir zwangsweise bei vielen Handygesprächen von uns fremden Menschen mit. Im Omnibus, im Café oder im Park, wir können ihnen nicht ausweichen. Der Unterschied zu damals liegt darin, dass es sich heute um völlig fremde Menschen handelt, die vor uns ihre Probleme ausbreiten. Beim Austausch im Gasthof waren es die Nachbarn, welche sich gekannt und notfalls auch gegenseitig unterstützt haben. In der dörflichen Gemeinschaft hatte jeder seine ihm zugewiesene Rolle, seine Identität besessen. Für die meisten von ihnen wurde dafür mit fünfzehn Jahren das Fundament gelegt, einzementiert. In den nächsten Jahren begann die Post, öffentliche Telefonzellen auch in kleineren Ortschaften wie Politzen aufzustellen. Solange man kein eigenes Festnetztelefon besaß, benützte man diese. Hierbei musste man nicht mehr den Grund des Telefonats mit den Wirtsleuten teilen. Für das damalige Zeitverständnis konnte in kritischen Situationen rasch Hilfe geholt werden.

II

Die Verbreitung der Mobiltelefone wurde durch die Einführung flächendeckender digitaler Mobilfunknetze Anfang der 90er Jahre in Deutschland, Österreich und der Schweiz möglich. So ist das Handy heute der weitverbreitetste Talisman in Österreich, ein Glücksbringer? Ob die Benützung des Handys die Menschen glücklicher und freier macht? Das Smartphone mit Internetverbindung signalisiert: Ich bin jederzeit, rund um die Uhr und rund um die Welt, erreichbar. Die dauernde Bereitschaft schafft Abhängigkeit, anderseits gibt es die Möglichkeit, an verschiedenen Lebensbereichen gleichzeitig teilzunehmen; vom selben Standort unterschiedliche Lebenssituationen zu organisieren. Die Mama arbeitet an einem Samstagvormittag in einem Villacher Drogeriemarkt und begleitet ihre achtjährige Tochter via Handy auf der Bahnfahrt zur Oma nach Salzburg. Zwischen ihnen ist ein Kontakt jederzeitiger möglich. Das Handy verleitet anderseits Jugendliche, dieses Kommunikationsmittel auszureizen. Eine Nichte kommuniziert per SMS täglich eine halbe Stunde mit ihrer Freundin, die von ihr nur fünf Minuten entfernt wohnt. Sie könnte sich mit ihr real treffen. Das Smartphone ist ein Teil der heutigen Jugendkultur. Ein weiteres Sinnesorgan des menschlichen Körpers, vergleichbar mit dem dritten Auge. Für die Altersgruppe sechzig plus gibt es eigens konzipierte Seniorenhandys, einfach in der Bedienung. Dies schließt nicht aus, dass ein Teil der Senioren die neuesten Smartphones verwenden. Für alleinlebende und alleinreisende Senioren vermittelt das Handy ein Gefühl der Sicherheit. Damit können sie bei einem körperlichen Gebrechen jederzeit ein Familienmitglied oder jemanden vom Hilfswerk verständigen. Nach meiner Beobachtung sind sie ständig online wie die Jugendlichen, ein Sohn oder ein Enkelkind könnte anrufen. Die älteren Menschen sind oftmals mit sozialen Kontakten nicht verwöhnt, da will man keinen Anruf, der den Alltag aufhellt, versäumen. Heute ist eine Wanderung ohne Handy nicht mehr vorstellbar, es könnte dabei etwas passieren. Seit Jahrhunderten gehen Menschen in die Berge, dazumal ohne Handy, heute nur noch Einzelne.

Ohne Umschweife unterhalten wir uns heute über Zustände von Stress oder Burnout. In fast jeder Situation, einerlei wo wir uns gerade bewegen und arbeiten, kommt das Wort Stress in das Spiel. Ob es notwendig ist, für eine Handvoll Besucher eine Kaffeejause auszurichten oder einen Wochenendeinkauf zu tätigen? Zumeist begleitet uns die Vorstellung, wir könnten unter Druck geraten, wir reagieren nervös. Dazu genügt es oft schon, wenn bei der Auffahrt auf das Parkdeck vom Einkaufszentrum mehrere Autos vor uns stehen und die Ampel schaltet wieder auf Rot. Wir haben im Voraus festgelegt, zu welcher Uhrzeit wir uns im Eingangsbereich treffen wollen. Wie es momentan aussieht, gibt es eine Verspätung von zehn Minuten. So etwas wird schon als Belastung erlebt. Ebenso, bildet sich bei der Supermarktkassa eine Warteschlange und der stets ungeduldige Mann wartet im Auto am Parkplatz. Es dauert nicht lange und er macht sich mit der Hupe bemerkbar. Erinnerungen an die Hektik bei größeren Einkäufen im Großhandel, um dann trotzdem pünktlich bei Geschäftsöffnung hinter der Verkaufsbudel zu stehen, werden wach: zwischen dem Bedienen von Kunden beim Buchgrossisten eine Bestellung aufzugeben. So sicherzustellen, dass die Bestellung am selben Tag ausgeliefert wird. Den Druck des Schulbuchreferenten weitergeben, der darauf besteht, dass die Schulbuchbestellung Anfang der kommenden Woche geliefert wird. Dies hat er seinen Lehrerkollegen versprochen. Die Schulbücher werden für den neu zugezogenen Schüler am Montag geliefert. So hält der Lieferstress über das Wochenende an. Man macht sich Sorgen, ob die Lieferkette funktionieren wird und es zu keiner Panne kommt. Vom Grossisten zum Logistikzentrum, vom Depot zum

Paketzusteller. Der Druck wird von Etappe zu Etappe weitergereicht und alle klagen darüber.

Es gibt eine Fülle an Meinungen und Ratschlägen, wie wir mit den hereinbrechenden Flüchtlingsströmen in Mitteleuropa umgehen sollen. Die unterschiedliche Berichterstattung in den Medien trägt das ihre zur Verwirrung bei. Mir scheint, dass die Medien jenes Bild vermitteln, welches ihnen die meisten Zuseher und Käufer sichert. Genauso agieren die Politiker, je nachdem ob bei ihnen gerade Wahlen anstehen oder nicht. Am Beginn der Aufmerksamkeit stand in Österreich die Tragödie, dass in einem von Schleppern abgestellten Transporter siebenundsiebzig Flüchtlinge erstickt sind. *Schrecklich, unfassbar* waren die häufigsten Worte um dieses Drama auf der Autobahn bei Parndorf. Je näher die Toten und das Elend an uns heranrücken, umso intensiver erleben wir es. Schlimm ist der Tote vor der eignen Wohnungstür. Von allen Parteienvertretern kamen Absichtserklärungen, dass Schlepperübel abzustellen. Weiß jeder, dass die Politik, die Justiz und die Polizei den Verbrechern, dem Bösen immer hinterherhecheln? Die Prävention und die Vorsorge ist eine menschliche Illusion, von der wir Tagträumen. Egal ob bei der Gesundheitsvorsorge, der Verbrechensbekämpfung und beim Flüchtlingsdrama. Seit Generationen gibt es den Ausspruch: *Es muss etwas passieren, damit etwas geschieht.* Es heißt, zwei Drittel der Flüchtlinge sind junge Männer. Sie könnten sich vor Ort, in den Krisenregionen dafür einsetzen, dass menschliche Verhältnisse wiederhergestellt werden. Von den Vertretern der Regierungsparteien wurde mit einem lachenden Gesicht der Eindruck vermittelt, wir brauchen die Flüchtlinge in Österreich nur *durchwinken*; sie auf ihrer Flucht nach Deutschland mit einer Flasche Römerquelle und einem Packerl Mannerschnitten zu versorgen; weitere Plätze im Railjet zu reservieren. Für das *Aushängeschild* der österreichischen Bundesbahnen die Signale auf Grün zu stellen und die Bahnstrecke nach München freizugeben. Für jeden Asylanten eine Flasche Mineralwasser und ein Packerl Schnitten – mit dieser Geste konnte sich das gute Wienerherz anfreunden. Zu guter Letzt kam bei vielen die Ernüchterung, dass es nach der Ersthilfe auch ein Danach geben wird. Spätestens dann, seit Deutschland nicht mehr alle mit offenen Armen aufgenommen hat und Grenzkontrollen einführte. Wer kommt und wer wird den Status eines Flüchtlings erhalten? Seitdem ist bei den Wiener Politikern das Lächeln aus den Gesichtern verschwunden. Sie mussten zu denselben Maßnahmen greifen und eingestehen, dass sie zu gutgläubig waren.

II

Anfang September versuchte die Regierung in Wien von sich ein gutes Bild abzugeben, sie warb bei der Bevölkerung für Sympathie. Im Hinblick dessen, dass ihre Kernwählerschicht Arbeiter und Senioren sind, trat sie ob der vielen zu integrierenden Asylanten auf die Bremse. Der Arbeitnehmerflügel, der Gewerkschaftsbund, sorgte sich um die zu teilenden Arbeitsplätze. Ein Großteil der Zuwanderer wird sich in den günstigen Wohngebieten von Wien ansiedeln. Bei den Senioren, obwohl reisefreudig, bestehen gewisse Vorbehalte gegenüber Menschen mit einer anderen Hautfarbe. Außerdem verstehen sie oftmals ihre Sprache nicht. Beim Aufeinandertreffen kommt es zu Konfliktsituationen. Misstrauisch beäugt man den anderen Lebensstil und das Freizeitverhalten. Wie kann man diesen Ängsten begegnen, will man es nicht dem *Zufallsprinzip* überlassen? Zum anderem treten Migranten bei vielem gruppenweise auf, in unserer Kultur schreitet die Einpersonengesellschaft weiter voran. Als gebrechlicher und älterer Mensch fühlt man sich bedroht, kommt einem eine Gruppe von jungen ausländischen Männern entgegen. Wohler fühlt man sich bei der Begegnung mit einer muslimischen Familie. Kleinkinder erzeugen bei älteren Menschen einen Beschützerinstinkt. Die total verschleierten Frauen, dazu in schwarz, werfen in mir die Frage auf: *Was haben sie zu verbergen?* Bei einem Gespräch mit anderen Menschen trage ich keine Sonnenbrille und empfinde es unhöflich, wenn das Gegenüber eine trägt. Bei einem Gespräch will ich den Augenkontakt wahren. Für mich gehören die Augen zu den wichtigen Sinnesorganen und dort lassen sich verschiedene Gefühlsempfindungen ablesen. Ein Aspekt ist, dass sich einzelne Schichten der Bürger um die Finanzierung und die Eingliederung der Asylanten sorgen, wenn diese zu zehntausenden unkontrolliert die Grenzen passieren. Wie es einige Wochen der Fall war. Reifere Mitbürger blicken schon jetzt skeptisch nach Brüssel, woher die vielen Milliarden zur

Banken-, Wirtschafts- und Griechenlandrettung kommen sollen. Die Ankündigung der Zentralbank, es werde mehr Geld in Umlauf gebracht, fördert eine Geldentwertung. Der Währung stehen keine realen Werte gegenüber. Der letzte Börsencrash hat gezeigt, dass viele Aktien nur eine Seifenblase sind. Die junge Generation hat, durch die von den Eltern finanziell unterstützte Reisetätigkeit, schon als Kinder Berührungen mit anderen Völkern. Über die sozialen Netzwerke und mit besseren Sprachkenntnissen, verfügen sie über ein breiteres Spektrum an globalen Kontakten. Bei diesen unterschiedlichen Voraussetzungen braucht es gegenseitigen Austausch zwischen Jugend und Senioren. Die Jugend steht den Migranten offener gegenüber, die Senioren skeptischer.

III

Ein weiteres Element der Wahrnehmung ist die Verschiedenartigkeit der Religion. In den Nachrichten wird hauptsächlich die Gewalttätigkeit des Islam gezeigt. Seine Radikalität gegenüber anderen Religionen und Kulturen, sowie die Gräueltaten im Namen Allahs. Nach einem Verständnis des Korans soll es beim Heiligen Krieg, dem Dschihad, um das Kämpfen und Streben für das Gute gehen. Die Auslegung und Handhabung der göttlichen Botschaft im Alltag ist in fast allen Religionen problembehaftet. Zumeist ist in den Heiligen Schriften vieles mehrdeutig formuliert und die Umsetzung der Botschaft obliegt dem Menschen, in seiner Unzulänglichkeit. Warum dafür von göttlicher Seite keine konkretere Struktur errichtet wurde, ist mir ein Rätsel. Dies führt zu einem menschlichen Dilemma, aus dem wir nicht herauskommen und in dem wir für immer verfangen bleiben. Das Fatale für den Westen ist, dass die Repräsentanten der muslimischen Staaten und ihre Religionsführer sich von grausamen Gesetzen und Taten nicht distanzieren. Die Besorgnis, die gewalttätige Seite des Islam könnte sich in der EU breitmachen, ist nicht von der Hand zu weisen. Der Islamgelehrte Ramadan hat in einer TV-Sendung davon gesprochen, dass im ursprünglichen Korantext die Scharia nicht vorhanden war. Sie wurde erst später eingefügt und ist nicht von Allah gewollt. Mit der Scharia erscheint es mir ähnlich zu sein wie mit den Dogmen der katholischen Kirche. Diese wurden auch erst durch die Päpste oder ein Konzil hinzugefügt. Dazu ist anzumerken, dass im Gegensatz zu der Scharia die Dogmen für die Zivilgesellschaft, für den demokratischen Staat, keine verbindliche Wirkung haben. Ein Unterschied zur Islamgesellschaft. So ist jedes Ansinnen, in Europa die Scharia anzuwenden, strikt abzulehnen. Tief berührt hat mich ein Absatz in der letzten Rede von Muhammad. In seiner Abschiedspredigt sagte der Prophet Muhammad: „Die gesamte Menschheit stammt von Adam und Eva ab. Ein Araber hat weder einen Vorrang vor einem Nicht-Araber, noch hat ein Nicht-Araber einen Vorrang vor einem Araber. Weiß hat keinen Vorrang vor Schwarz, noch hat Schwarz irgendeinen Vorrang vor Weiß. Niemand ist einem anderen überlegen, außer in der Gottesfurcht und in guter Tat." Wie weit Realität und Vorurteile schon innerhalb der österreichischen Bundesländer auseinanderliegen, zeigte sich bei einem Besucher aus Vorarlberg. Der

Besucher kam mit der Absicht, hier Ansichtskarten mit dem JH-Konterfei aufzustöbern, die es auch zu JH-Zeiten nicht gegeben hat. Mit einer solchen Postkarte möchte er seine Arbeitskollegen grüßen. Die Kärntner würden zudem sonntags JH-Fähnchen schwingend an der Wörtherseeuferstraße in Velden stehen. Dabei scheint der Wunsch die Vorstellung beflügelt zu haben. Wie weit können unsere Ansichten über andere Kulturen in das Abseits triften?

Beim Blättern in der Lokalzeitung einen Blick auf die Todesanzeigen zu werfen, gehört nicht zu meinen Gepflogenheiten. Manches Mal lässt sich dies nicht vermeiden oder spielt mir mein Unterbewusstsein einen Streich. Werde ich auf eine Todesanzeige aufmerksam, dann lese ich sie genauer. In welchem Alter ist die betreffende Person verstorben und stelle einen Bezug zu meinem Lebensalter her. Dabei fällt mir auf, dass mein Jahrgang immer öfter in den Todesanzeigen vorkommt; mit jedem neuen Jahr ein möglicher Tod wahrscheinlicher wird. Zugleich spekuliere ich darüber, was ich in den *offenen Jahren* noch verwirklichen könnte. Ich nehme an der Zeit Maß, welche ich mit dem Verfassen von literarischen Beiträgen verbringe. Beim Betrachten des Schreibtempos eine Kopfrechnung durchführe. Bei dem ermittelten Zeitaufwand für das Zurechtschleifen eines Textes, von der ersten Notiz bis zur Veröffentlichung im Blog oder in einem Buch, wird rein versicherungsmathematisch einiges von meinen Vormerkungen in den Tageheften unbearbeitet bleiben. Nach einem arbeitsintensiven Berufsleben dominiert in der Pension der Hang zum süßen Leben. Einen Teil vom Tag dominieren sportliche Programme. An anderen Tagen die Kurztrips in das benachbarte Ausland, um neue Eindrücke zu sammeln. Dahinter steckt das Interesse an fremden Landschaften, Kulturen und Menschen. Dabei erfahre ich, dass gutes Leben und Genuss dem literarischen Schreiben hinderlich sind.

II

Bei einem Aufenthalt in Istrien entdecke ich in einer Kärntner Lokalzeitung eine Traueranzeige, die mich an meine Internatszeit erinnert. In der Anzeige lese ich, dass sich die Familie S. bei den Ärzten und beim Pflegepersonal des Bezirkskrankenhauses für die gute Betreuung von Frau S. bedankt. Sie wurde in aller Stille im Familiengrab auf dem Waldfriedhof beigesetzt. Der Name des Ehemannes stimmt mit dem Namen meines ehemaligen Deutschprofessors überein. Bei uns Schülern war er für seine faire Art beliebt. Im Unterricht duldete er keine Abschweifungen und war sehr auf Disziplin bedacht. Er war bestrebt, uns ein breites Allgemeinwissen zu vermitteln. Er unterrichtete die Fächer Geschichte, Deutsch und Turnen. Außer einem Lesebuch gab es in den sechziger Jahren kaum Behelfe für den Deutschunterricht. Die Rechtschreib- und die Grammatikregeln sowie die Literaturgeschichte wurden von ihm, im letzten Drittel der Unterrichtsstunde, zum Mitschreiben diktiert. Meine Aufsätze wurden vom Deutschprofessor gelobt und ich durfte sie der Klasse vorlesen. In den Jugendjahren war das Aufsatzschreiben, vor allen anderen Schulfächern, meine Stärke. Die Hefte mit der Literaturgeschichte habe ich viele Jahre aufbewahrt und sie dienten als Nachschlagwerk für die Buchhandelslehre. Vor kurzem haben Hirnforscher festgestellt, dass sich Lerninhalte am besten einprägen, wenn diese handschriftlich niedergeschrieben werden. Diese Erkenntnis widerspricht dem Vorhaben, das Erlernen der Schreibschrift abzuschaffen; das Mitschreiben von mündlich diktiertem Lehrstoff zugunsten von Lerninhalten aus dem Internet zu vernachlässigen. Mein Eindruck ist, die Aneignung von Basiswissen gerät immer mehr in das Abseits. Dafür gewinnen das Fleckerlwissen, das Häppchenwissen und das *Wikipediawissen* immer mehr an Bedeutung. An den Seitenaltären der Internatskirche in Tanzenberg wurden tagtäglich mehrere Messopfer gleichzeitig gefeiert. Am Hauptaltar die Seminaristen-Messe. Es war für jeden Zögling obligatorisch, bei der Heiligen Messe zu ministrieren. Die Messfeier war ein Ziborium. Als Ministranten mussten wir dem Priester die Schleppe vom bodenlangen Messgewand, wie die Brautjungfrauen, hinterhertragen; den Präfekten bei der Heiligen Wandlung mit Handreichungen unterstützen.

Oktober

Eine höhere Schule zu absolvieren und in einem angeschlossenen Internat zu wohnen, war in den siebziger Jahren ein Privileg. Dies konnten nur Eltern mit höherem Einkommen ihren Kindern bieten. Die monatlichen Internatsgebühren schlossen die Kinder der Arbeiter- und Bauernklasse großteils aus. Zum Vorteil eines kurzen Schulweges, wenn Schule und Internat im selben Gebäude untergebracht waren, gab es am Nachmittag eine Betreuung bei den Hausaufgaben. Der Tagesablauf im Internat ist geregelt, es gibt feststehende Essens-, Schlaf- und Studierzeiten, dazwischen Freizeit. Zu den leiblichen Erziehern, den Präfekten, kam im katholischen Internat in Tanzenberg eine übergeordnete Instanz, das Transzendente. Für uns Zöglinge eine ganz und gar unheimliche Obrigkeit, weil dieser nichts verborgen blieb. Egal, ob man sich im Turmzimmer oder im Waschraum versteckte, dem *Lieben Gott*, wie er von den Präfekten genannt wurde, blieb nichts verborgen. Selbst böse Gedanken gegenüber einem Mitschüler, weil er einem bei der Schularbeit nicht unterstützt hat. Die unkeuschen Gedanken, die einem nach dem Blick auf den Busen der Schulwarttochter nicht mehr losließen. Von all diesen Gedanken wusste Gott. Die Präfekten ersparten sich im Umgang mit den Zöglingen viel Ärger, es genügte der Hinweis, dass Gott alles sieht, auch wenn wir es vertuschen wollen.

II

Für einen Internatszögling erweist sich die Diskussion über den persönlichen Datenschutz, die Daten zu Krankheiten und den Medikamentenkonsum, die Datenerfassung beim Bezahlen mit einer Kreditkarte, als eine nebensächliche Diskussion. Genauso die Frage: Dürfen Lebensmitteldiskonter die Einkäufe auf dem Kundenkonto speichern? Dabei geht es um Joghurt, Kaffee, Nudeln und Wurstwaren. Welchen Stellenwert haben die Erörterungen um die Erlaubnis zur Aufzeichnung von Internetkontakten, Telefonanrufen und den E-Mail-Verkehr für jemanden, wo Gott selbst die geheimsten Gedanken lesen konnte? Dieses Gefühl der Überwachung begleitet die Internatszöglinge über Jahrzehnte. Die Pessimisten befürchten, dass mit Fortschreiten der Vernetzung und der freiwilligen Preisgabe von Lebensereignissen Google bald unsere geheimsten Gedanken lesen wird können. Wie ist es möglich, dass mir bei jeder Gelegenheit freie Hotelzimmer in Portoroz angeboten werden? In einem größeren Speisesaal fühle ich mich wohler als in einem kleinen Restaurant, wo das Buffet vom Oberkellner ständig beobachtet wird. Auch die Stimmung unter den Gästen ist in einem größeren Ambiente lockerer, weil in einem kleinen Saal die Tische zumeist eng gestellt sind und jeder auf jeden achtgibt. Belastet mich noch immer etwas aus meiner Internatszeit oder ist es der Wunsch nach mehr Freiraum?

Durch unser Verhalten wird bei Kindern vieles bereits im Babyalter fixiert. Die meisten Säuglinge werden verwöhnt, bei einer kleinen Regung nehmen die Eltern sie aus dem Kinderwagen und gehen mit ihnen in der Wohnung auf und ab. So beruhigt es sich schneller und wer dies wiederholt, kann sicher sein, es wird öfter gefordert. Der Zeit angepasster ist das Verhalten jener Kleinkinder, welche am Rücksitz vom fahrenden Auto am schnellsten einschlafen. Gelingt es jungen Vätern nicht ihren Nachwuchs zu beruhigen, drehen sie mit ihm noch eine *schnelle Runde* um den Häuserblock. Die meisten Babys schlafen dabei auf wundersame Weise ein. Vor Jahrzehnten war es unter der Landbevölkerung weit verbreitet, den tröstenden Schnuller in den Honig einzutauchen. Das Wickelkind saugte genüsslich daran. In manchen Situationen war nicht zu unterscheiden, ob das Baby etwas stört oder ob es schreit, weil es Lust auf einen *Honigschnuller* hat. In den Bauernfamilien war es üblich, dass die älteren Geschwister auf die Jüngeren aufgepasst haben. Diese tauchten den *Zutz* in den hauseigenen Apfelmost und steckten ihn dem greinenden Geschwisterchen in den Mund. Zwischen der Wirksamkeit vom *Apfelmostzutz* und dem I-Pod besteht eine Verwandtschaft. Im Wellnesshotel wird von den Eltern dem quirligen einjährigen Mädchen beim Frühstück und beim Abendessen ein I-Pod vorgesetzt. Auf dem Bildschirm läuft ein Disneymärchen. Zwischendurch schiebt der Vater dem Mädchen einen Löffel Müsli in den Mund. Dabei schaut das Mädchen weiter gebannt auf den Bildschirm, öffnet und schließt den Mund automatisch. Während unseres einwöchigen

Aufenthaltes gibt es kein Frühstück und kein Abendessen ohne den elektronischen Tischassistenten. Wird damit beim Baby die Internetsucht *ausgesät*? Überall spielen Kleinkinder mit dem Smartphone vom Papa oder der Mama, sie lernen früher *Wischen und Tippen*, als sich verständlich auszudrücken. Die Folge ist: Es wird mit den Kleinkindern weniger gesprochen und vorgelesen. Für den Ernstfall werden die Märchen auf das Smartphone heruntergeladen oder eine DVD wird in den Fernseher eingelegt. Die elektronischen Traummännlein.

II

Wie allgegenwärtig das Handy ist und wir damit überall erreichbar sind, erlebte ich an einem Samstagnachmittag in der Klagenfurter Innenstadt. Jeder kann es beobachten – am liebsten telefonieren die Menschen, wenn sie gerade durch die Stadt bummeln. Meistens geht es darum, mit jemandem eine Verabredung innerhalb der Stadt auszumachen. Zu diesem Zweck nehmen wir selbstverständlich an, dass die gewünschte Person am Handy erreichbar ist. Im Vorhinein will sich niemand festlegen, an welchen Ort man sich nach Erledigung der Besorgungen treffen will. Alles wird im letzten Moment fixiert. In der schmalen Kramergasse, die Verbindung zwischen Alten und Neuen Platz in Klagenfurt, steht inmitten der Fußgänger eine beleibte Frau: „*Rüsselchen* wo bist du?", flötet sie in das Handy. „In den City Arkaden." – „Wo bist du, am WC? Geht es dir gut, hast du schon alles erledigt? Warte dort auf mich, ich hole dich am WC ab. Küsschen, tschüss *Rüsselchen*." Das geliebte *Rüsselchen* ist für seinen

Schatz auch am Klosett erreichbar. Musiker spielen in der Fußgängerzone Geige und Posaune, andere knien am Boden, um zu betteln. In der Innenstadt trifft man sie auf Schritt und Tritt. Einer spricht mich vor einer Bäckerei an. Er verlangt von mir zwei Euro, er will sich etwas zum Essen kaufen. Wer es im Gemenge nicht schafft, mit mitleidigen Gesten Aufmerksamkeit zu erlangen, versucht es mit dem Läuten einer Kuhglocke. Die Person steckt in einer Mönchskutte und hat sein Gesicht mit weißer Schminke eingefärbt. Aufgeschreckt wenden sich ihm einige zu, andere senken hilflos den Blick. Der *Laienmönch* kann sich ein Lachen nicht verkneifen. An die Armut dieses Straßenkünstlers will niemand so recht glauben.

In einer lockeren Runde beim Heurigen, in Kärnten ist dies eine Buschenschank, wie jetzt gerade bei einer Kärntner Brettljause, ist das Wetter ein Thema. Zumeist gab und gibt es nie das Wetter, welches sich alle wünschen. So hat der zurückliegende Sommer nicht alle Erwartungen erfüllt. Den einen war er zu heiß, den anderen zu trocken und es gibt schon lange nicht mehr den Sommer, wie er dereinst war. Gerne werden dazu die ersten Zeilen aus dem Gassenhauer von Rudi Carrell gesungen: „Wann wird es einmal richtig Sommer, ein Sommer wie es einmal war…". Auch die politische Lage wird diskutiert, dabei gibt es einige unterschiedliche Meinungen zum Ausgang der Wiener Gemeinderatswahl. Wegen der Flüchtlingskrise haben die Politfunktionäre ihre Arbeit im Parlament früher als sonst wieder aufgenommen.

Spielerisch wechselt man zum Thema Kunst, zu moderner, zeitgenössischen Kunst. Im Allgemeinen ist man sich darüber einig, die großen, erhabenen Künstler, wie sie die prachtvollen Dome in Rom oder in Salzburger gestaltet haben, waren *wahre* Könner. Diese Kunst, ob Malerei oder Bildhauerei, steht außer Diskussion. Es geht um die Moderne – wie den österreichischen Aktionisten Cornelius Kolig oder den Bildhauer Walter Pichler. Sofort kommt die Frage: Worin besteht ihr Können? Soll dies Kunst sein oder muss dies weg? Bis zu der Feststellung: Dies kann ich auch. Plötzlich entdeckt jeder seine künstlerische Ader. Dabei sieht man darüber hinweg, dass man bestenfalls ein Nachahmer oder Kopist wäre. Gleichwohl wird übersehen, dass das Wort *modern* lateinischen Ursprungs ist und auch gegenwärtig und zeitgemäß bedeutet. Wäre moderne Kunst notwendig, wenn sie nicht die gegenwärtigen gesellschaftlichen und politischen Umstände in ihr Schaffen miteinbeziehen würde? Diese Zustände hinterfragen und reflektieren würde? So könnte die Diskussion an die vorhergehende Debatte über Politik anschließen. Möglicherweise lässt sich der zeitgemäße Künstler von den Livebildern auf Facebook und YouTube inspirieren. Er kann diese Bilder aus seinem Schaffen nicht ausklammern oder er wird zum *Radikalist* und beschränkt sich auf seine persönliche Wahrnehmung in seinem Umfeld. Genauso wenig wie man nicht über *die* Politiker, über eine Regierung und ihre Maßnahmen im Allgemeinen raunzen kann, ohne konkret zu werden, so ist es auch beim Gespräch über die Kunst. Unerheblich, ob es sich dabei um die sogenannte alte oder moderne

Kunst handelt, man muss gegenständlicher werden. Sich auf ein Genre beschränken – nehmen wir die Malerei: Dann ist es ein Maler und ein Bild von ihm. Darüber lässt sich streiten.

II

In einer Kunstdebatte unterbreite ich gerne ein nachvollziehbares Beispiel anhand des Obsts. Eine Bauernweisheit sagt, *man soll nicht Äpfel mit Birnen vergleichen*. Über Obst kann man allgemeinen reden, dass es viele Vitamine enthält, nicht dick macht und hilft, gesund zu bleiben. Die Diskussion wird fruchtbarer, wenn man sich auf eine Sorte, zum Beispiel Äpfel, beschränkt. Hinzuzufügen sind genauere Aussagen: Diese Sorte ist als erstes reif, dieser eignet sich besonders gut zum Einkochen oder ist eine sehr saftige Apfelsorte, gut geeignet zum Apfelstrudel backen. Noch konkreter wird es in der Gesprächsrunde, wenn man einen Apfel in die Hand nimmt und diesen nach Farbe und Größe beschreibt. Um den Geschmack zu ergründen, müssen ihn verschiedene Teilnehmer verkosten. Dabei wird die eine ihn als saftig empfinden, der andere als süß, wieder jemand anderer als mehlig. Erzeuger, die sich mit der Verwertung von Äpfeln befassen, möchte ich noch in das Spiel bringen. Ihr Urteil könnte von einigen anderen Meinungen abweichen. Diese Vorgangsweise könnte bei der Debatte zur Kunst, bei einem konkreten Bild, zur Anwendung kommen. Der eine wird den Farben zustimmen, der andere wird über die Farben schockiert sein, es steht jedem frei, sich darüber zu äußern. Kunstsachverständige können durch ihre Ausbildung und berufliche Tätigkeit dazu Wesentliches sagen. Dies können die Meinungen beeinflussen. Nach meiner Auffassung führt die persönliche Meinung, ergänzt durch Fachwissen, zum Kunstverständnis. Ich lasse nicht außer Acht, dass in der heutigen Kunstszene einiges auf wirtschaftlicher Basis betrieben wird. Für ihre Künstlerbrut versuchen prominente Galeristen möglichst viele Ausstellungen in verschiedenen Ländern zu organisieren, damit der Marktwert der Kunstwerke steigt. Mir gefallen Künstler, die sich intensiv mit dem Sammeln von Material beschäftigen und nicht besonders erfolgreich sind, oft besser als die arrivierten. Ist dies ein persönlicher Mitleidseffekt, gibt es den in der Kunst überhaupt?

Die Patienten mit lädierten Knie- und Hüftgelenken sowie Lendenwirbelschmerzen verfolgen mit Argusaugen die Diskussion von den Managern in den Krankenkassenanstalten, ob Kuren noch zeitgemäß sind. Ein Vorstandsmitglied ließ mit der Aussage aufhorchen, Kuraufenthalte sind ein Relikt aus der Kaiserzeit. Diese Therapieformen waren etwas für wohlhabende und hysterische Herrschaften vom ehemaligen österreichischen Adel. Zur Kaiserzeit hat sich der Wiener Adel in den Kurorten Warmbad Villach, Bad Ischl und Bad Hof Gastein getroffen. Später gesellten sich dazu Opatija und Grado an der Oberen Adria. Alles Orte, welche zu Monarchie-Zeiten mit der Eisenbahn erreichbar waren. Noch heute wird in den Hotelprospekten auf die ehemaligen Gäste aus dem

Kaiserhaus verwiesen. In Österreich leben wir in manchen Dingen noch im kaiserlichen Umfeld. Die geförderten Heilverfahren werden vor allem von der Beamtenschaft in Anspruch genommen, die direkten Nachfolger der kaiser-königlichen Hofbeamten. Seit Jahrhunderten ist bekannt, dass Thermal- und Schwefelwasser bei längerer Anwendung eine heilende Wirkung auf die Gelenke, den Bewegungsapparat ausüben. Gleichzeitig besänftigt das Baden die überreizten Nerven. Trinkkuren lindern Beschwerden des Verdauungsapparates. Meer Luft und Meerwasser heilen Atembeschwerden und Hauterkrankungen. Jeder Kurort versucht, seine Indikationen zur Linderung der Beschwerden schmackhaft zu machen. Während der Kur lässt sich nicht präzise feststellen, ob eine Therapie *greift*. Es ist ein subjektives Empfinden, einmal fühlt man sich während der Anwendungen euphorisch, ein andermal werden die Schmerzen stärker. Man verwünscht den Kuraufenthalt, zuhause hatte man weniger Beschwerden.

II

Nach den Aussagen der Manager sind die Kuraufenthalte zu wenig effizient und nostalgisch. Diese wären ein vom Staat bezahlter Urlaub, aufgelockert durch Therapien. Personen, welche bereits auf Kur waren, wehren sich gegen diesen Vorwurf, bei ihnen sei es auf jeden Fall notwendig gewesen. Am Nebentisch hätte es einen Patienten gegeben, der jede freie Minute zwischen den Therapien genützt hätte, um mit dem Mountainbike den Schmittenstein zu erklimmen. Am Samstag nach dem Mittagsessen ist er mit dem Fahrrad von Bad Vigaun nach Berchtesgarden geradelt. Andere haben in der Kuranstalt ein *Zweitbüro* eingerichtet. In Zeiten der mobilen Kommunikation ein leichtes Unterfangen. Dazu gehören auch jene, welche beim Warten auf die nächste Therapie am Smartphone die E-Mails checken. Gourmets besuchen nach dem kalorienreduzierten Abendessen ein Haubenrestaurant und spekulieren darüber, welche umliegenden Sehenswürdigkeiten von der Heilanstalt einen Besuch wert wären. In der Tiefgarage vom Kurhaus parken die Prestigeautos der deutschen Autoindustrie. Bei mehreren Faktoren wie Genussleben und Luxus bei der Mobilität stellt sich die Frage: Ist es sozial, dass diese Personen auf Kassenkosten auf Kur geschickt werden? Es wäre gerecht, dass diese Klientel die Kosten selbst trägt. Eine breite Schicht von Kurgästen stöhnt über die Höhe ihres Selbstbehalts. Reihenweise sind die Einzelzimmer in den Kurhäusern mit einer Aufzahlung behaftet. Um mit einem fremden Menschen in einem Zweibettzimmer einen dreiwöchigen Kuraufenthalt zu verbringen, muss man ein umgänglicher Menschentyp sein. Keiner weiß etwas über die Vorlieben und die Gewohnheiten des anderen, diese können den eigenen Lebensgewohnheiten diametral gegenüberstehen. Dabei kommt es zu Frust, der dem Heilerfolg nicht dienlich ist. Eine Überraschung ist, mit wem man bei den Mahlzeiten zu Tisch sitzt. Wie beim Lotto, es kann ein Treffer mit Zusatzzahl sein oder man geht leer aus. Die Aussagen zur Befindlichkeit bei einem Rehabilitationsaufenthalt, bei einer Nachbetreuung nach einer Knie- oder Schultergelenksoperation, sind eindeutig.

Auch die *Hüftler*, Menschen nach einer Hüftgelenksoperation, benötigen zur Mobilisierung des neuen Hüftgelenks einen Reha-Aufenthalt. Dringend notwendig haben es Menschen nach einem Arbeits- oder Autounfall, um verlorene Fähigkeiten wie Gehen, Sitzen und Heben wieder zu trainieren. Für die vielen Herzpatienten braucht es ein Ausdauer- und Krafttraining. Die Reha-Aufenthalte stellt niemand in Frage, es wird gefordert, dass diese schneller einsetzen.

Seit einigen Jahrzehnten lebe ich im Dreiländereck Österreich – Italien und Ex-Jugoslawien. Nach dem Beitritt Österreichs zur Europäischen Union und der Schaffung des Schengenraumes wurden die Grenzkontrollen zu den Nachbarländern abgeschafft. Wer schon lange in einem Grenzort wie Arnoldstein lebt merkt, um wie viel entspannter heute die Leute von diesseits und jenseits der Grenze miteinander umgehen. Bei den Grenzkontrollen gab es einen *feinen* Unterschied, ob man die Staatsgrenze am Wurzenpass von Österreich nach Jugoslawien oder in Thörl-Maglern von Österreich nach Italien überschritten hat. Das Überqueren der Grenze nach und von Italien hatte zumeist einen heiteren Charakter. Dazu beigetragen hat die Aussicht auf ein Glas italienischen Rotwein und eine Portion Spaghetti. Viele Jahrzehnte war der Tarviser Markt das Einkaufszentrum der Kärntner. Es gab auch organisierte Einkaufsfahrten aus den Bundesländern Vorarlberg und Burgenland zum Tarviser Markt, von Orten, die etwa sechshundert Kilometer entfernt sind. Die deutschen und holländischen Urlauber überschwemmten im Sommer an Schlechtwettertagen den italienischen Grenzort. Ein Indiz, dass die Gästebetten am Wörthersee, Ossiacher See und Millstätter See gut belegt waren. Einen freien Parkplatz zu finden, war fast unmöglich. In der zweiten Hälfte des 20. Jahrhunderts konnte man sich am Tarviser Markt preisgünstig mit schicker Kleidung und Schuhen eindecken. Der besondere Kick waren Lederjacken, Ledermäntel sowie Handtaschen. Im Vergleich zu Österreich waren die Lederwaren in Italien wesentlich billiger. Teilweise mit kleinen Fabriksfehlern, die ohne Fachkenntnisse unbemerkt blieben. Dazu gesellte sich das Kauferlebnis am *Fetzenmarkt*, wie der Tarviser Markt liebevoll genannt wurde. Hier konnte wie auf einem Basar in Istanbul gehandelt werden. Wer das Feilschen nicht liebte oder sich schämte zu verhandeln, der war fehl am Platz. Nach dem Einkauf ging man mit dem Gefühl, ein Schnäppchen gemacht zu haben, vom Marktstand weg. Die Freude darüber währte so lange, bis ein anderer Händler dieselben Jeans noch billiger angeboten hat. Der Besuch einer Pizzeria gehörte zur Einkaufsfahrt dazu. Dort wurden im Kopf die ersparten Münzen zusammengezählt und gegenseitig Geheimadressen ausgetauscht. Gestärkt durch eine Pizza und ein Glas Wein, fuhr man gelassen der Grenze entgegen. Im Vorhinein wusste niemand: Wird heute kontrolliert oder durchgewunken? Für den Fall der Fälle hatte man sich für die Frage des Zöllners, *Haben sie etwas zu verzollen?* eine ausweichende Antwort zurechtgelegt. Zumeist gab es für die

Grenznachbarn kaum Kontrollen. Ein altgedienter Zöllner beschreibt es so: Wie ein Polizist bei einer Verkehrskontrolle die Alkoholfahne des Lenkers riecht, so konnte er den Ledergeruch aus dem Kofferraum wahrnehmen.

II

Am Wurzenpass war die Stimmung beim Passieren der Grenze, nach und von Ex-Jugoslawien, gedrückt. Schon bei der Einreise nach Jugoslawien wurde der Pass einer strengen Prüfung unterzogen. Bei den jugoslawischen Zöllnern und Grenzpolizisten gab es dabei kein Lächeln. Schwerbewaffnet standen Soldaten rechts und links des Grenzbalkens. Auf der Passhöhe war das Jugo-Militär in geheimen Bunkern omnipräsent. Auch auf österreichischer Seite gab es Bunkeranlagen, man war immer gefechtsbereit. In Ex-Jugoslawien verzehrte man ein preiswertes Mittagsmenü und tankte das Auto günstig voll. Vor der Einreise konnten die Raucher im Duty-free-Shop billig Zigaretten erwerben. Dort gab es auch Kosmetika und Markenuhren zu reduzierten Preisen. Bei der Einreise nach Österreich war man angespannter als in Thörl-Maglern. War der jugoslawische Wein nicht so süffig? Niemand verweilte in Ex-Jugoslawien länger als notwendig. Vormals haben unterschiedliche Währungen im Dreiländereck Österreich – ex-Jugoslawien – Italien das Kopfrechnen der Jugend und der Erwachsenen geschult. Heute ist dies infolge der gemeinsamen Eurowährung nicht mehr notwendig. Gestiegen ist das Interesse am Erlernen der Sprache des Nachbarn. Friedliches Zusammenleben muss von jeder Generation neu erarbeitet werden. Diese Erinnerungen verflüchtigen sich bei mir immer mehr, die Waren- und Personenkontrolle ist beim Grenzübertritt obsolet. Damit auch der Reiz des Verbotenen. Zwischenzeitlich haben in Kärnten internationale Boutiquen, von Diskont- bis Markenqualität, eröffnet. Der Tarviser Markt leidet seit der Jahrtausendwende unter Besucherschwund. Durch die Generalsanierung hat er zusätzlich an Flair verloren. Die Verkaufsstände sind zu modern, die Ladenbesitzer zu professionell. Der Besuch einer Pizzeria ist immer noch einen Ausflug wert. Am Wurzenpass gibt es die Möglichkeit, die ehemaligen Bunkeranlagen zu besuchen. Der Einkauf von Zigaretten und Kosmetika in den Duty-free-Shops wird immer noch genützt.

Folgendes habe ich beobachtet, als ich in diesen Tagen mit dem Zug von Villach nach Salzburg gefahren bin. Beim Betreten des Bahnhofsgebäudes ist manches anders, es sind viel mehr Leute als üblich in der Bahnhofshalle. Personen, welche ich nur von den Fernsehnachrichten und aus den Reportagen der Zeitungen kenne. Menschen mit einer dunklen Hautfarbe, einige haben einen Rucksack umgehängt, andere halten eine zerschlissene Reisetasche in der Hand. Ihre Bekleidung entspricht der Jahreszeit, Jacken mit einer Kapuze kombiniert, wie ich es von unseren Jugendlichen kenne. Fast erwecken sie den Eindruck, es handelt sich um eine Gruppe von jungen Männern, welche einen Ausflug unternehmen. Da-zwischen vereinzelt junge Frauen, welche dolmetschen; den Mann am Fahrkartenschalter auf Deutsch und Eng-lisch etwas fragen oder sich an Einheimische um eine Auskunft wenden. Sie kaufen sich Gruppentickets nach Salzburg. Die Durchsage, dass eine Direktverbindung nach München nicht möglich ist, wird in Deutsch und Englisch immer wiederholt. Reisende, die nach Deutsch-land weiterfahren wollen, sollen sich an die Infopoints im Salzburger Hauptbahnhof wenden. Bahnfahren, Nerven sparen. Die Einheimischen schließen sich in der Bahn-hofshalle zu kleinen Gruppen zusammen und schauen verwundert dem Treiben zu. Am Morgen habe ich einen Artikel in der „Kleinen Zeitung" über die moralische und ethische Verantwortung in Zusammenhang mit der Flüchtlingskrise gelesen. Es sei unsere Aufgabe, die Men-schen auf der Flucht zu versorgen. Die Politiker müssen aber auch die damit zusammenhängenden zukünftigen Aufgaben im Auge behalten. Wie können die Asylanten später in unsere Gemeinschaft eingebunden werden und wie viele? Unabhängig davon hat die Bevölkerung das Recht, die Politiker aufzufordern, für Rechtssicherheit und für die Erhaltung der Souveränität unseres Staates zu sorgen. Wer kann zum jetzigen Zeitpunkt sagen, ob es genügen wird, die Migranten mit einer Broschüre über unsere Lebensgewohnheiten und staatlichen Werte auf-zuklären? Schon jetzt werden Anweisungen von Polizei und Grenzschutz missachtet.

II

Aus den Lautsprechern kommt eine Durchsage: „Vorsicht Bahnsteig eins, der Zug fährt ein und die ersten beiden Waggons des Railjets nach Salzburg sind für eine Reisegruppe reserviert. In diese Waggons nicht einsteigen".
Von Osten nähert sich am Bahnsteig, vorneweg ein Polizist und zwei Polizistinnen, eine Schlange von Menschen.
Einige haben einen grauen Müllsack geschultert, andere eine Einkaufstasche eines Lebensmitteldiskonters in der Hand. Alle ohne nennenswertes Gebäck, im besten Fall einen Rucksack am Rücken. Die Mehrzahl sind junge Männer, dazwischen einige Frauen mit einem Kleinkind auf dem Arm. Für die herbstlichen Frühtemperaturen zumeist mehrere Kleidungsstücke übereinander angezogen. Die übrigen Reisenden werden aufgefordert, am Trottoir etwas zurückzutreten. Eine Kolonne von Menschen, die aus südlichen Kriegsstaaten auf der Flucht sind. Ihre Augen blicken uns unverständlich an, wir blicken ratlos auf die Vorüberziehenden, die in die ersten beiden Waggons einsteigen. Ähnliches ist mir nur aus dem Fernsehen bekannt. Die übrigen Reisenden gehen zu den Waggons, auch jene Asylanten, welche sich ein Bahnticket kaufen konnten. Für mich war es das erste Mal, dass ich mit Flüchtlingen in einem größeren Ausmaß konfrontiert war. Manches an guten Ratschlägen relativiert sich, wenn man der Wirklichkeit gegenübersteht.

III

Ein Freund von mir war Kriegsreporter einer Wiener Tageszeitung. Er berichtete von vielen Fronten auf diesem

Globus. Auf meine Frage, wie er den Anblick von toten Soldaten, Frauen und Kindern ertragen hat, hat er geantwortet, das Schlimmste für ihn waren die ersten toten Soldaten: „Man gewöhnt sich in einem Krieg schnell an die Toten." Dieser Gewöhnungseffekt dürfte auch bei der Flüchtlingskrise eintreten, mit der Variante, dass die Hilfsbereitschaft der Bevölkerung in Misstrauen und Ablehnung umschlagen wird. Während dieser Notizen schlängelt sich der Railjet die Hohen Tauern entlang, zu meinen Füßen liegt das Mölltal. Der Talboden ist von der Sonne ausgeleuchtet. Die Wiesen, auf denen Kühe weiden, verschieden grün. Die Gipfel vom ersten Schnee weiß eingefärbt. Im Zugabteil ist die Stimmung ansonsten wie immer. Die Menschen telefonieren mit dem Smartphone, manche berichten bereits über die Ereignisse am Villacher Hauptbahnhof, andere tippen am Laptop. Beim Schaffner erkundigen sich einige nach dem Wlan oder schimpfen darüber, dass die Funkverbindung in den Tunnels ausfällt. Ein Kleinkind im Abteil schreit und will beschäftigt werden. Die Mama versucht es mit einem Bilderbuch und einer Banane zu beruhigen. Wie bei solchen Anlässen üblich, hat sie noch kein *Wischhandy*. So beginnt meine Reise zu einem Kuraufenthalt. Wahrscheinlich wird uns im Kurheim die Flüchtlingskrise noch beim Mittag- und Abendessen verbal beschäftigen.

Seit die Balkanroute für die Flüchtlinge geschlossen ist, werden an den Grenzübergängen Thörl-Maglern und

Wurzenpass Vorbereitungen getroffen, um wieder Passkontrollen durchzuführen. Dies würde alle Reisende, egal ob In- oder Ausländer oder Flüchtlinge betreffen. Mit Skepsis beobachten die Grenzbewohner diese Ent-wicklung, handelt es sich dabei um keinen Grenzverkehr unter Nachbarn, sondern zwischen Kontinenten. Es ist wieder notwendig, bei einer Reise innerhalb der EU, auch zum Nachbarn, den Reisepass einzupacken. Dies war einige Jahre vernachlässigbar. Als Reaktion auf die Zunahme der Migrantenströme will man von jedem Staatsbürger immer mehr Daten speichern, jeder gilt als verdächtig. Bei der Ausstellung eines neuen Reisepasses wurde bei mir erstmals vom Zeigefinger ein Fingerabdruck gemacht. Dieser ist im neuen Pass integriert. Gegenüber der Beamtin habe ich darüber mein Erstaunen ausgedrückt. Mein Geburtsort Politzen sorgt bei den meisten Staatsdienern für Kopfschütteln. Normalerweise wäre der Geburtsort Ferndorf, bei mir steht in allen Dokumenten Politzen. Dies war bei der Geburt eine kleine Ortschaft von etwa fünf zerstreuten Bauernhäusern. Wie ich der Beamtin versicherte, kennt man den Ort Politzen weltweit. Bei einer Suchanfrage auf Google gibt es zu Politzen 4.990 und zu Ferndorf 471.000 Einträge. Zu einer gewissen Bekanntheit im Internet haben es die beiden *Politzner Kampfkatzen*, Charly und Undine, gebracht, weil sie von mir öfters im Blog erwähnt wurden.

November

Vor ein paar Wochen wurde im Gailtal das letzte Kirchweihfest, der Kirchtag, in diesem Jahr gefeiert. Der Sonntag beginnt mit dem Böllerschießen in aller Hergottsfrüh, gefolgt von einem Hochamt in der Kirche, bei dem die Burschenschaft, die *Konta*, rund um den Altar Aufstellung nimmt. Eine Augenweide ist die Gailtaler Tracht, welche die Mädchen und Burschen aus diesem Anlass tragen. Nach der Messfeier ziehen sie hinaus auf den Kirchenplatz, wo der Lindentanz stattfindet. Bei zünftiger Volksmusik vergnügen sich die Einheimischen und die *Konta*. Vom Zechmeister werden ortsbekannte Leute auf den Tanzboden gerufen und für sie wird ein Tusch gespielt. Für dieses *Hoch sollst du leben, dreimal hoch* gibt es von den Bespielten eine großzügige Geldspende. Vor der Mittagspause zieht die *Konta* von einem Haus zum anderem, um die Hausleute hochleben zu lassen und zum *Kufenstechen* einzuladen. Am späten Nachmittag folgt der Höhepunkt des Kirchtags-geschehens, das *Kufenstechen*. Die Burschen reiten auf einem Pferd ohne Sattel die Dorfstraße entlang und versuchen dabei, ein kleines Holzfass mit einem Faustkeil zu treffen. Bei wem das Fass zersplittert, der ist der Sieger des *Kufenstechens*. Nach diesem Spektakel geht es auf den Tanzböden unterhaltsam weiter. Die Gailtaler Kirchtagssuppe wird als *Saure Suppe,* anderorts als *Gelbe Suppe* ob ihres Farbtons, hervorgerufen durch Safran, bezeichnet. In die Suppe kommen fünf verschiedene Sorten von Fleisch sowie Rahm und Eidotter. Dazu wird der

Kärntner Reindling, eine Süßspeise, serviert. Es ist ein lieber Brauch, dass ich von einer befreundeten Familie zum Saure-Suppe-Essen eingeladen werde. Wir sitzen auf der überdachten Terrasse, mit Blick auf den Arnoldsteiner Hausberg, dem Dobratsch. Für mich ist es der verlorene Berg, weil aus meinem jetzigen Alltagsleben verschwunden. Nach der Begrüßung erfahre ich, ein guter Bekannter ist am Vortag verstorben. Diese Nachricht hat auf den Verlauf des Nachmittags keine Nachwirkungen, die neue Wirklichkeit musste erst Stufe für Stufe in mein Bewusstsein einsickern.

II

Beim Telefonieren vor einigen Wochen war die Zuversicht aus seiner Stimme verschwunden. Er wollte uns besuchen, sobald er sich von den Therapien erholt habe. Wie hätte ich mich, seinem kritischen Zustand gegenüber, verhalten sollen? Bis zum Abend türmen sich in meinem Kopf rund um das Sterben und den Tod immer mehr Fragen auf. Gehört der Prozess des Sterbens noch zum Leben, wie wir es verstehen? „Der Tod ist kein Ereignis des Lebens. Den Tod erlebt man nicht", sagte Ludwig Wittgenstein. Ab wann soll man einem Schwerkranken sagen, er soll sich auf das Letzte vorbereiten? Wie äußert sich der Arzt dazu und hat man als Betroffener ein Recht auf die letzte Wahrheit? Möchte ich dies bei einer tödlichen Erkrankung meinerseits wissen und wie würde dies das Verhältnis zu den Angehörigen verändern? Diese Fragen kann ich für mich nicht eindeutig beantworten, kann es dazu eine Antwort geben? Zumeist nehmen die

Menschen ihre Wünsche und offenen Fragen mit ins Grab, wie man sagt. Vielleicht kann ich einige Fragen klären, wenn ich verschiedene Ebenen *des Ablaufes* betrachte. Der Prozess des Sterbens, ob qualvoll oder gefasst, hängt wahrscheinlich mit der Bereitschaft, das Leben loslassen zu können, ab. Für wen gibt es schon den richtigen Zeitpunkt? – wohl die meisten werden sagen, der Tod kommt zu früh. Er soll in ein paar Monaten oder in ein paar Jahren wiederkommen. Bei den Hinterbliebenen folgen Bestürzung und Wut. Als Angehöriger fühlt man sich allein gelassen. Dazu kommt der mahnende Finger, dieses Schicksal erfasse jeden.

III

Bei mir taucht unweigerlich die Frage auf: Wohin *geht* der Geist, die Seele des Verstorbenen? Glaubt man den Weltreligionen, dann gibt es ein Weiterleben und Wiedersehen mit den Angehörigen im Jenseits. Niemand spricht heute davon wie von einer Tatsache, wie dies vor Jahrzehnten üblich war, sondern man hofft auf die Auferstehung. In welcher Form und mit welchem Bewusstsein? Nehmen wir die Vorurteile, den Neid, die Rachegelüste, wie wir sie hier im Irdischen haben, in das Jenseits mit? Oder werden diese gelöscht und wir verkehren im Jenseitigen nur noch in Liebe miteinander? Die Menschheit wäre bereit, viel Geld zu zahlen, wenn sie auf diese Fragen eine wissenschaftliche Antwort bekäme. Ich verbrüdere mich mit dem Gedanken, unsere seelischen Einheiten gehen im Universum auf und wir sind im Jenseits von einem Wohlbefinden umgeben. Gibt es ein *Danach*, dann gibt es dies für alle, Gott wäre ansonsten kleinlich wie die irdische Gerichtsbarkeit. Die Weltkirche hat uns mit einer Theorie aus Sünde, Leiden und Strafe über Jahrhundert geknebelt. In der Totenhalle gibt es vor dem Beten für den Verstorbenen ein stummes Zunicken zu Bekannten, ein Wiedererkennen. Bei mir die Feststellung, dass manche aus dem Ort gealtert sind. Ob der Verstorbene von unserer Anwesenheit noch etwas spürt? Früher hieß das Beten für den Verstorbenen *Wachen*. So auch der Refrain des Liedes: *Wachet und bleibet bei mir.*

In den europäischen Staaten haben nach der Sommerpause die ersten Parlamentssitzungen stattgefunden. Die Politiker haben ihren Sommerurlaub genossen, wobei das politische Tagesgeschäft nicht von vornherein steuerbar ist. Vielerorts richten sich die Zeiten der Plenarsitzungen nach den großen Sportereignissen. Besonders aktuell, wenn die Fußballmannschaft des Landes zu den Finalteilnehmern gehört. Am liebsten bleibt man dem Motto *Brot und Spiele* treu. Die Frage nach der Schuld und den Schulden ist zeitlos. Wie viel Schuld vertragen wir, als Einzelner und als Volk, wem sind wir etwas schuldig? Nach den großen Zuwandererströmen fragt man sich: *Stehen wir bei denen in der Schuld?* Der finanziell meist gefährdete Staat der EU, Griechenland, droht mit dem Zeigefinger. Mitteleuropa hätte bei den Griechen noch Verbindlichkeiten zu begleichen. Kann man diese Fragen nur im Parlament oder auch in der Kirche, während einer Messfeier, diskutieren? Schuld und Schulden sind zwei Begriffe, welche in unserem Alltagsgebrauch einen negativen Beigeschmack haben. Diese Zuweisungen können einen Menschen, ein ganzes Volk belasten. Er, sie, es hat sich schuldig gemacht, sind sündig. Einerlei, ob man an etwas schuld ist oder bei jemanden Schulden hat. Immer verlangen Verfehlungen nach Vergeltung oder aber der Schuldige bereut. Wie der Einzelne mit Anschuldigungen umgeht, hängt davon ab, in welchem sozialen und religiösen Umfeld er aufgewachsen ist. Im christlichen Bereich nimmt das Einbekennen von Fehltritten eine zentrale Rolle ein. Bei der Feier der Sonntagsmesse bekennt der Gläubige zu Beginn seine Schuld: „Ich habe gesündigt in Gedanken, Worten und Werken, durch meine Schuld, durch meine große Schuld…" Im Schuldbekenntnis bitten die Kirchenbesucher um Vergebung, „dass sie Gutes unterlassen und Böses getan haben". Um diesem Teufelskreis zu entkommen, gibt es die Möglichkeit, durch Opfergaben und Reue Gott milde zu stimmen. Bei der Messfeier in der Pfarrkirche *Herz Jesu* in Welzenegg fügte das Evangelium zu dem Begriff Schuld noch etwas dazu. Ein Mann fragte Jesus: „Wie kann ich ewiges Leben erlangen?" Nach seiner Selbstauskunft befolgt er schon alle Gebote. Da sagte Jesus: „Verkaufe alle Güter, verschenke deinen Reichtum, dann wirst du einen bleibenden Schatz im Himmel haben und ewiges Leben erlangen." Danach folgt ein Kernsatz, von dem sich in unserer materiellen Welt viele getroffen fühlen: „Eher geht ein Kamel durch ein Nadelöhr, als dass ein Reicher in das Reich Gottes gelangt." Der Pfarrer *knüpfte* hier an, seine Aufforderung unseren Reichtum aufzugeben, könnte bei vielen Anwesenden Unbehagen ausgelöst haben. Für die breite Masse kann man sagen, sie verteidigt ihren Wohlstand. Durch die alles überlappende Flüchtlingskrise sehen wir den in Gefahr. Es gibt die Gegenfrage: Hat nicht auch die katholische Kirche als Institution großen Reichtum angehäuft? Den Reichen über Jahrhunderte ermöglicht, durch eine Schenkung oder einen Ablassbrief sich von Schuld freizukaufen und sich so einen bleibenden Schatz im Himmelreich zu sichern?

II

Am Ende des Gottesdienstes geht der Impulsvortrag *Schuld und Schulden* dem schwierigen Umgang mit Fehlern nach. Professor Heintel steuerte dazu seine Gedanken bei. Mit einem Schmunzeln bemerkt er, er fühle sich hier gut aufgehoben, da er in die Fürbitten eingeschlossen wurde. Seine Ausführungen beginnen mit einer wissenschaftlichen Untersuchung über die Wirkung von Medikamenten. Warum wirken Medikamente bei dem einen Patienten besser, beim anderen schlechter? Ein Faktor ist, dass Medikamente bei Menschen, die sich an der Krankheit mitschuldig fühlen, schlechter wirken. Die Mediziner schwingen gerne die Schuldkeule: „Hätten sie übermäßiges Rauchen und Trinken unterlassen, hätten sie mehr dem Sport und der Vitalkost gefrönt, wäre manche Krankheit ausgeblieben." In der Vertreibung von Eva und Adam aus dem Paradies sieht Professor Heintel einen Sieg des Teufels. Der Satan hat ihnen versprochen: Wenn ihr vom Baum der Erkenntnis esst, werdet ihr sein wie Gott. Die Menschen sind sehend geworden, sie können zwischen Gut und Böse unterscheiden und zwischen ihnen wählen. Das Gewissen ist unsere letzte Instanz, dieses gäbe es ohne den Sündenfall nicht. Wäre Gott eine moralische Instanz, wenn wir noch im Paradies wären? In der Lebensgeschichte haben wir oft eine Bringschuld gegenüber den Eltern. Die Verpflichtung, sie einmal im Alter und bei Krankheit zu pflegen. Mit dem mutwilligen Erzeugen von Schuldgefühlen kann der Einzelne oder eine Gruppe gesteuert werden. Damit agieren und regieren politische Funktionäre, in dem sie Bittstellern einen Job, ein freies Geschäftslokal oder eine Wohnung vermitteln. Dafür erwarten sie von ihm, dass er bei der nächsten Wahl ihre Partei wählt. Im Kreditwesen, im Mittelalter eine Sache des Satans, sieht der Vortragende einen Zugriff auf die Zukunft. Reichtum empfindet heute niemand als ein Hindernis und wird von den Wenigsten hinterfragt. Damit lässt es sich flott leben. Zur Bürde kann er im fortgeschrittenen Alter werden, will man für das Leben im Jenseits Vorsorge treffen. Bei diesem Gedanken verschenken manche einen Teil ihres Vermögens für karitative Zwecke und erwarten sich dafür das ewige Leben. Fürsten und Könige haben dazumal eine Kirche oder ein Kloster gestiftet und sich damit in den Himmel eingekauft.

Gibt es Anzeichen einer Krankheit, keinen Appetit und ein unruhiges Durch-die-Wohnung-Streunen, wie vor kurzem bei unserer Katze Undine, dann leidet man wie bei einem Familienmitglied mit. Wir können unsere Beschwerden auf jeden Fall besser mitteilen. Im leidvollen Blick des Haustieres sehen wir den Vorwurf: *Wann könnt ihr mir helfen?* Nach der Operation versuchen wir mit Zuwendung und dem Placebo-Effekt, die Katze zum Durchhalten zu bewegen. Es ist dies der aufmunternde Spruch *Pfote hoch!* Weiteres an ihren Stolz zu appellieren, sie ist eine *Politzner Kampfkatze* und verfüge über mehr Kraft und Energie als jede Rassekatze. Bei ihrem Lebenswillen und der medizinischen Behandlung werde sie wieder genesen. Tante Charly, ihre Schwester, habe ich per *Draufluss* aufgefordert, die *Pfoten hochzunehmen*, ihre Schwester befinde sich in einem kritischen Zustand. Zufall, dass mein Namenspatron Franz von Assisi auch der Schutzheilige der Haustiere ist? Ein Stoßgebet zu ihm verschafft Erleichterung. Andere Menschen kann man bei vielem unterstützen, annehmen müssen sie es selbst. Nach der Operation von Undine sind wir in einer ähnlichen Situation. In den ersten Tagen danach zeigt sie keinen Appetit, obwohl wir ihr vielerlei Leckerbissen vorsetze. Ist es der Starrsinn einer verwöhnten Katze, dass sie nur von den allerfeinsten Spezialitäten etwas zu sich nimmt und von allen anderen Fressen demonstrativ den Kopf abwendet? Wie verdreht man einer Katze den Kopf?

Wie wird heute effektvolle Werbung gemacht? Zuallererst denkt man an Einschaltungen in den Zeitungen und im Fernsehen. Diese Art von Werbung nimmt zumeist nur noch die ältere Generation wahr. Für die jüngere Generation spielt sich die Werbung überwiegend im Internet ab. Wer bei Google nach einer Beschreibung über einen Ort sucht, bekommt dazu die passenden Werbeangebote eingespielt. Mit der Zeit gewöhnt man sich daran. Für mich ist dies ein Ärgernis, ständig auf Urlaubsangebote oder aktuelle Reiseführer hingewiesen zu werden. Es gibt keine kostenlosen Internetdienste, keine Gratis-Information und keine kostenlosen Apps, welche nicht mit Werbung verknüpft sind. Dies gilt auch für die kostenlosen Tageszeitungen. Bei den Sportlern sehen wir, egal ob Motor- oder Skisport, dass jeder Zentimeter der Sportbekleidung mit Werbeaufklebern zugepflastert ist. Ein Schandfleck sind die *Werbemonster*, welche im freien Feld neben den Autobahnen in Slowenien stehen. Auf denen wird für den nächstgelegenen Baumarkt und das Möbelhaus geworben. Ich weiß nicht, wie hoch die Entschädigung für den Bauern ist? Lohnt es sich, dass ein solche riesige Plakatwand im Feld steht? Für das Landschaftsbild ist es kein Gewinn. Landschaft ist heute im Wesentlichen eine wirtschaftliche Angelegenheit, welche sich in Euro und Aktienkursen ausdrücken lässt. Noch hässlicher als die im freien Feld stehenden *Werbemonster* wirken die überdimensionierten digitalen Werbeanzeigen auf Gebäuden in den Innenstädten. Eine historische Altstadt kann dadurch in Misskredit gebracht werden. Das mehrfarbige Flimmern und das wechselnde Bild ziehen die Aufmerksamkeit auf sich, auch wenn man sich dagegen wehrt. Zum Nachteil der geschichtlichen Besonderheiten eines Gebäudes. Schnell ist man mit dem Urteil, die Innenstädte gleichen einander, wenn man von den Reklametafeln ausgeht, bei der Hand.

Die Werbestrategen bemühen sich immer wieder auf das Neue, mit ihren Werbebotschaften an die Menschen heranzukommen. Dabei setzen sie zunehmend *Werbesklavinnen* ein, so gesehen in Portoroz. Zwei Mädchen waren in Red-Bull-Uniformen auf der Uferpromenade unterwegs. Am Rücken trugen sie eine übergroße Red-Bull-Dose. Zwischen den dahinbummelnden Menschen waren sie nicht zu übersehen. An die Entgegenkommenden verteilten sie Gratisdosen und Folder von Red Bull. Beim Anblick der Red-Bull-Mädchen kam mir der Gedanke, dies wird ein Beitrag für den Blog. Noch mehr Aufmerksamkeit als die Red-Bull-Werbeträgerinnen erregten die Mädchen, welche auf einem Subway Roller durch die Straßen von Portoroz düsten. Sie kamen wie auf einem römischen Streitwagen daher. Der Streitwagen wurde nicht von Pferden gezogen, sondern von einem Elektromotor angetrieben. Es wurden Gratiseintrittskarten verteilt und so für das Casino in Portoroz geworben. Ein Gewinnversprechen oder eine Verlustwarnung wurde nicht abgegeben. Die Spaziergänger blieben immer wieder stehen, drehten sich nach den Mädchen um und zückten ihr Smartphone. Das Fotografieren mit dem Handy hat inzwischen bei den Urlaubern die digitalen Fotoapparate abgelöst. Die Qualität der integrierten Kamera ist ein Kriterium beim Kauf eines Smartphones. Bald werden Smartphone-Fotos Kunststatus erlangen. In der Folge wird es Ausstellungen und Kunstpreise für das beste Smartphone-Foto geben.

Zu Wohnungstieren, sei es eine Katze, ein Meerschweinchen oder ein Hund, hat man eine emotionale Beziehung. Unabhängig, wo man lebt, im dörflichen oder städtischen Bereich. Durch das Zusammenleben, den persönlichen Umgang, gehört ein Hund ebenso zur Familie wie ein Kind oder der Partner. Erwiesenermaßen fördert es die Entwicklung von Kindern, wenn sie mit einem Haustier aufwachsen. Ein Tier macht keinen Unterschied zwischen alt oder jung, zwischen gesund oder gebrechlich, hübsch oder hässlich. Es urteilt nicht nach menschlichen Kriterien und sucht sich die Menschen nach ihrem Instinkt aus. In Wohnungsnähe befindet sich eine Seniorenwohnanlage. In Ausnahmefällen sind in Altersheimen Haustiere erlaubt. Beliebt sind mobile Haustierbesuche, welche von den Bewohnern schon sehnsüchtig erwartet werden. Wie groß ist der Bewegungsraum für die Insassen? – zumeist bewegt man sich in einem größeren Zimmer. Man spitzt die Ohren, wenn vom Gang Stimmen zu hören sind, ein Besucher, der lauter spricht. Zwischendurch ein Blick aus dem Fenster, in einiger Entfernung fährt ein Auto die Bergstraße hoch. Nach dem Aufwachen wartet man auf das Frühstück, danach auf das Mittagessen und abends auf das Nachtmahl. Nachts ein wenig Fernsehen. Ist man mobil, gibt es den *Freilauf* in den Speisesaal und etwas Zuwendung vom Servierpersonal.

Ein paar Wochen vor Weihnachten wurde von einem Kammerfunktionär verkündet: „Vor Jahresende kann man so günstig einkaufen wie schon lange nicht, weil der Handel bereits den Ausverkauf und andere Aktionen startet." Zeitgleich beginnt an diesem Wochenende für den Handel der umsatzstärkste Monat im Jahr. Dabei kann der Konsument zusehen, wie sich die Handelsketten ein Kopf-an-Kopf-Rennen liefern – wer ergattert mehr vom Umsatz? Wie man für einen Spitzensportler nicht mehr das Wort *Athlet* im Sinne von Leibesertüchtigung verwenden kann, so geht es in der Vorweihnachtszeit nicht mehr um Besinnung, sondern um das Einkaufen bis zur Besinnungslosigkeit. Wer am eigenen Leib erfahren will, wie verrückt das Treiben in einer Shoppingmeile ist, der nehme für ein Wochenende an Besinnungstagen in einem Bildungshaus teil. Nach diesem Innehalten besuche er ein Einkaufszentrum. Es gibt Aussagen, dass einem der dortige Wirbel körperliche Beschwerden verursacht. In den nächsten Wochen steigert sich der Einkaufsrummel, auf eine besinnliche Botschaft wird zugunsten der Werbedurchsagen verzichtet. Nach dem ersten langen Einkaufswochenende wird von den Sprechern der Werbegemeinschaften eine Prognose erstellt, wie das diesjährige Weihnachtsgeschäft verlaufen wird. Dabei ist die Geschäftsentwicklung ungewiss, da von Branche und Geschäftslage verschieden. Damit sind wir bei dem angelangt, was Weihnachten heute bedeutet, ein Mehr an Umsatz, kein Mehr an spiritueller Botschaft.

II

Eine andere Sichtweise: *Wir haben ein Zuviel an Waren.* Ein Großteil der Bevölkerung kann seine Konsumwünsche ad hoc befriedigen. Es gibt auch Mitbürger, welche sich nur das Notwendigste leisten können. Unter den Jugendlichen bilden sich Cliquen, welche aus dem Geschenkszwang die Notausfahrt gewählt haben. Haben sie coole Freunde, dann bedeutet ihnen dies viel und sie wollen sich nicht extra beschenken. Der Mittelstand, der Bauch der Gesellschaft, greift auf die Moneten zurück. Ein Investor, welcher auf einer Grünfläche in der Innenstadt weitere Geschäftsflächen errichten will, wird freudig begrüßt. Er hofft diese gegen gutes Geld zu vermieten, mehr einzunehmen, als dies bei Wohnungsmieten der Fall wäre. Oft bleiben deshalb bestehende Geschäftsflächen leer. Nicht weil die Zeiten wirtschaftlich schlecht sind, sondern weil der Bedarf nicht gegeben ist. Die meisten von uns glauben, es gibt unbeschränkte Zuwachsraten. Jede Firma hofft, dass ihr Zenit noch nicht ausgereizt ist, dies gilt immer für die anderen. Ähnliches passiert beim Warenangebot, von jedem Artikel, sei es ein Stabmixer oder eine Taschenlampe, gibt es eine breite Produktpalette, die Auswahl wird zur Qual. Der Marktführer unter den Stabmixer verkauft sich plötzlich um vieles schlechter, weil das gleiche Produkt von neuen Herstellern angeboten wird. Das rechte Maß ist verloren gegangen, nicht nur zur Weihnachtszeit.

Den Wunsch *An schean Tog noch!* haben inzwischen alle verinnerlicht, es kommt uns so selbstverständlich von den Lippen wie das *Amen* am Schluss vom Vaterunser. Diesen Slogan benützen der Fenstermonteur und die Fitnesstrainerin, die Kellnerin und der Kranfahrer, die Verkäuferin und der Vogelhändler, der Malergeselle genauso wie der Mostbauer. Ich glaube nicht, dass dieser Wunsch irgendeinem Menschen genützt hat. Sollte der Wunsch ehrlich gemeint sein, so ist es nicht vorhersehbar, wie dieser *scheane Tog* für den Einzelnen ablaufen soll. Es gibt genügend Menschen, welche mit dem Wunsch *An schean Tog noch!* im Innersten nichts anfangen können. Nachdem sich *An schean Tog noch!"* ob passend oder unpassend, abgenützt hat, macht sich eine neue Redensart breit. Da der Mensch gewinnorientiert ist, sich von gefühlsmäßigen Wünschen nicht wirklich angesprochen fühlt, hat man eine neue Formel eingeführt: *Haben sie eine Vorteilscard?* Für den Häuslbauer gibt es die Bonuscard vom Baumarkt, zum Einrichten die Luxuscard vom Möbelhaus. Wer regelmäßig das Fitnessstudio besucht, bekommt Bonuspunkte, damit er das Handtuch und die Trinkflasche mit Firmenwerbung günstiger erwerben kann. Gäste, welche regelmäßig zum Mittagessen kommen, können von der Kellnerin eine Abokarte erwerben. Sie können unter dreierlei Menüs wählen. Die Supermarktkassiererin fragt, bevor sie *An schean Tog noch!* wünscht, ob man eine Kundenkarte hat. Dabei ist es unerheblich, ob man ein Flasche Mineralwasser um fünfzig Cent oder Lebensmittel um fünfundfünfzig Euro kauft. Wer die Frage nach der Kundenkarte verneint, dem wird versucht eine Kundenkarte aufzuschwatzen, mit dem Hinweis, es gäbe spezielle Angebote für *Vorteilscardinhaber.*

II

Wer von uns hat etwas zu verschenken? Das heimische Fernsehen zeigt TV-Spots, wo ein gut situierter Unternehmer andere darauf aufmerksam macht, man soll die günstigen Angebote nützen. Egal, ob es sich um die Handykosten oder um den Versand eines Paketes handelt, niemand hat etwas zu verschenken. Fallen diese TV-Spots unter das Genre Satire, Komik oder ist es ein Drama, dass wir alle zu *Groschenfuchser* werden? Streift man durch die Regale eines Supermarktes, dann findet man den erhobenen Daumen, hier sind die speziellen Angebote für Mitglieder. Bei diesen Vorteilen wird man zum *Vorteilscardjäger.* Die Stammleser einer kleinformatigen Tageszeitung erhalten im steirischen Thermenland und auf einer kroatischen Insel einen Reiserabatt von zehn Prozent. Alles ab einem Aufenthalt von drei Tagen – klingt besser als zwei Nächte. Dazu gibt es für *Vorteilscardclubmitglieder* gratis einen Kuschelbademantel während des Aufenthaltes, bei der Ankunft eine Flasche Mineralwasser und eine Obstschüssel auf dem Zimmer. Kerngesund und alles gratis. Die Generation sechzig plus bezeichne ich als *Vorteilscardgesellschaft.* Es ist bekannt, dass diese Personengruppe gerne verreist, soweit es ihre Finanzen erlauben. Dafür bieten die öffentlichen Verkehrsmittel eine Seniorenvorteilscard an. Damit hofft man den öffentlichen Verkehr für diese Personengruppe attraktiver zu machen. Mir ist es unverständlich, dass man längere Strecken, wie von Villach nach Freiburg, Ulm oder Leipzig, nicht mit dem Zug fährt. Selbst für Reisen innerhalb von Österreich, sei es in den äußersten Westen oder Osten, ist es bequemer, die Eisenbahn statt das Auto zu benützen. Die Zugsverbindungen sind aufeinander abgestimmt und das Platzangebot ist in einem Eisenbahnwaggon um vieles größer als in einem noch so komfortablen Pkw. Bei den Fahrzeiten kann eine gute Zugsverbindung mit dem ICE locker mit dem Individualverkehr mithalten. Wenn überhaupt, können nur die Mitfahrer die Autofahrt genießen. Sie haben die Möglichkeit, etwas von der Landschaft einzusaugen, soweit nicht Lärmschutzwände entlang der Autobahn jede Sicht verhindern. Für den Fahrer bleibt nur der starre Blick auf die Fahrbahn und eine nicht enden wollende Konzentration. Ich ernte schiefe Blicke, wenn ich verlaute, für die Fahrt von Villach nach Bludenz brauche der ICE sechs Stunden. „Was, so lange Zugfahren!" Niemand regt sich auf, wenn die sogenannten *Durchraser* die gleiche Strecke im besten Fall in derselben Zeit schaffen. Sie machen höchstens einmal eine Pinkelpause und haben das viel größere Unfallrisiko. Im Zug besteht jederzeit die Möglichkeit, das WC zu benützen, und nicht erst auf eine Autobahnraststätte zu hoffen. Der Autolenker könnte beim Bahnfahren gemütlich die Zeitung oder ein Buch lesen, sich mit den Mitreisenden unterhalten oder die Landschaft betrachten. Zur Reiselektüre eignen sich besonders die handlichen Taschenbücher. Ich bevorzuge die Reclamhefte wie zuletzt: *Was heißt denken?*

III

Seit kurzem greift in den Zügen dieselbe Handymanie um sich, wie wir sie auf den öffentlichen Plätzen, in den Cafés und Einkaufstempeln antreffen. Von den Reisenden wird ständig am Handy gewischt und nachgeguckt, ob jemand etwas gepostet hat. Heute ist es üblich, dass junge Menschen kurz vor ihrer Ankunft in der Stadt am Smartphone ein Zimmer für die nächsten Tage buchen. Am Zugfenster ziehen die Dörfer, die Wiesen und die Berggipfel vorbei. Mit dem Zug bin ich öfters auf längeren Strecken unterwegs, dabei kommt es immer wieder zu Situationen, die mich überraschen. Bei einer Fahrt im Spätherbst, von Villach nach Salzburg, sind in nächster Nähe drei Ehepaare gesessen, dem Reden nach Pensionisten. Mit ihrem bunten Outfit haben sie im Zugabteil ein wenig Optimismus verbreitet. Trotz zeitweisen Regenschauern sind sie in legerer Radbekleidung im Abteil gesessen. Ihrem Gespräch war zu entnehmen, dass sie mit ihren Fahrrädern auf dem Weg zum Donauradweg sind. Sie vertrauten darauf, dass die Niederschläge am nächsten Tag aufhören werden, eine allgemeine Wetterbesserung eintreten wird. Die jüngste von den drei Frauen stellte, während der Regen gegen die Fensterscheibe klatschte, eine Flasche Sekt auf das Tischchen. Dazu die Sektgläser aus Kunststoff und gemeinsam stießen sie im Zug auf schöneres Wetter und auf die Radtour an. Die verschiedensten Getränke, Bier, Limonade, Mineralwasser, Apfelsaft und Kaffee werden während der Bahnfahrt aus den Reisetaschen gezaubert. Eine Flasche Sekt, dies war für mich Neuland.

Zwischen dem Zuprosten wurde bedauert, dass sie schon überall auf der Welt gewesen seien, ihnen würden langsam die Reiseziele ausgehen. Ist die ältere Generation im Vorteil oder hat sie sich die *Vorteilscardgesellschaftsposition* selbst erarbeitet? Eine neue Lebenseinstellung macht sich breit, das Jahrzehnt der *Vorteilscardbesitzer.* In der um sich greifenden *Vorteilspackungsgesellschaft,* *„Nimm drei, zahl zwei",* und den *Stammkundenrabatteinkaufswochenenden* will niemand mehr den Normalpreis zahlen. Die Situation ist kaum noch zu überbieten und doch versuchen die großen Handelsketten noch einmal kräftig zuzuschlagen. Wie wäre es mit dem *größten und letzten Sonderverkauf aller Zeiten?*

Dezember

In den ersten Lebensjahrzehnten richtet sich bei Paaren alle Energie auf die Pflege der Nachkommen, auf das Flüggewerden der Brut; den Erwerb von materiellen Gütern und auf die Anerkennung der eigenen Person. Man steht mitten im Leben und die Tage sind, um den Schaffensdrang voll auszuleben, zu kurz.Schleichend werden im Spätherbst die Tage kürzer. Beim Spazieren am Drauweg bin ich überrascht wie kahl die Bäume sind. Kommt eine Brise Wind, dann *regnet* es die letzten dürren Blätter vom Himmel. Den Grund für die Aufmerksamkeit, welche ich der Natur entgegenbringe, sehe ich oberflächlich in der Natur selbst. Dabei ist es der Umstand, dass ich mich im letzten Drittel des Lebens befinde. Nicht allein das Tageslicht verkürzt sich, auch die voraussichtlichen Lebenstage werden weniger. Das Interesse an den weit verstreuten Verwandten und den alten Familienfotos kommt nicht aus heiterem Himmel. Hastig begibt man sich auf die Suche nach Überlebenden, den Nachkommen von ausgewanderten Blutsverwandten. Erlaubt es die Gesundheit, bemüht man sich die aus den Augen verlorenen Familienmitglieder in Asien und in Amerika zu besuchen. Man probiert dort an die jüngere Generation anzudocken, doch zumeist können diese mit der Verwandtschaft aus Europa, deren Sprache sie nicht sprechen, nichts anfangen. Für sie ist Mexiko und Indien die wirkliche Heimat. Von Österreich wissen sie aus den Erzählungen der Großeltern Schemenhaftes. Sie kennen die

Musik von Wolfgang Mozart oder von Johann Strauß, eventuell die Städtenamen Wien und Salzburg. Von den übrigen Bundesländern reicht kein Lichtstrahl bis nach Australien. Sie existieren auf der Welt als schwarze Löcher, man vermutet, dass es sie gibt, hat aber keine eindeutigen Beweise.

II

Der Versuch wird unternommen, die diversen Orte in Europa, wo einstmals Verwandte hingezogen sind, zu besuchen. Dabei sucht man oftmals vergeblich nach dem Haus des Onkels und der Tante, sie wurden längst abgebrochen. So begibt man sich bei den Nachbarn auf Spurensuche. Stößt man dabei auf Ältere, dann erfährt man die eine und andere Anekdote über den Onkel. Der anschließende Friedhofsbesuch endet zum einen und anderen Mal mit einer Enttäuschung. Nicht immer erinnert man sich, wo das Grab gelegen war, und nach einiger Zeit gibt man die Suche auf. Die Urenkel haben den Graberhaltungsbeitrag nicht bezahlt, bei Platznot wurde das Grab aufgelöst. Nach solchen Vorkommnissen greift man zu Hause als erstes nach dem Karton mit den alten, vergilbten Fotos. Vordringlich ist, diese aussortieren, sie chronologisch in ein Album einzukleben und die wichtigsten Fakten hinzuzufügen. Wer ein Sammler von Büchern, Bilder, Ansichtskarten oder Münzen ist, denkt an vorderster Stelle darüber nach, wem er einstmals seine Sammlung anvertrauen soll. An einer solchen Sammlung, die über Jahrzehnte aufgebaut wurde, hängt man mit mehr Herzblut als an den Wohnzimmermöbeln. Diese

Suche bereitet einiges an Kopfzerbrechen, bis man fündig wird, mit wem man darüber sprechen will. Eine Briefmarken-, Uhren-, oder Porzellanfigurensammlung ist etwas höchst Persönliches. Meistens spürt man, dass trotz ähnlichen Interessen der Beschenkte die Sammlung mit anderen Augen betrachten wird. Dieser der Sammlung einen anderen Wert beimessen wird, als man dies selbst getan hat. Leidenschaftliche Sammler und Chronisten machen sich kaum darüber Gedanken, wie die materiellen Dinge, ein Sparbuch oder ein unbebautes Grundstück, einmal weitervererbt werden. Ihr Herz hängt an den zumeist ideellen Dingen, aus ihrer Sicht mit einem unschätzbaren Wert.

Ein Wort will ich zu den Terroranschlägen in Paris äußern. Ich glaube nicht, dass dies alles im Namen des IS, im Namen Allah, angestiftet wird. Bei vielen Immigranten hat die Integration nicht funktioniert und jetzt haben sie einen Übervater, in dessen Namen sie ihren Aggressionen freien Lauf lassen können. Zu Aufruhr und Gewalt ist es in einigen Stadtteilen von Paris seit Jahren immer wieder gekommen. Dieses Jahr steht in vielen Städten Europas nicht der Weihnachtsstern, sondern der *Terrorstern* am Himmel. Nicht die Botschaft der Engel, *Fürchtet euch nicht,* sondern die Botschaft *Die Angst wird euch überall hin begleiten* strahlt über unseren Köpfen; egal, ob wir in den nächsten Monaten in einer Arena ein Konzert oder auf dem Hauptplatz eine Veranstaltung besuchen. Auch in die U-Bahn steigt die Angst mit ein. Genauso präsent ist sie auf den Weihnachtsmärkten wie in Nürnberg und München, wo sich an den Wochenenden zehntausende Menschen tummeln. Österreich ist vergleichsweise in einer glücklichen Situation, hier warnt die Polizei die Besucher von Adventsmärkten vor Taschendieben. Sie fordert das Publikum auf, die Brieftasche knapp am Körper zu tragen, nicht wie bei Männern üblich in der Gesäßtasche; beim Bezahlen lieber Kleingeld als große Geldscheine zu verwenden. Auf der Hut zu sein, wenn man gedrückt oder gestupst wird. Dazu kann ich nur sagen: Felix Austria oder – wie es ein Papst ausgedrückt hat – Österreich ist eine Insel der Seligen. Keine Insel der Seligen ist Rom, wo bei manchen Reisegruppen ein oder mehrere Teilnehmer Opfer von Taschendieben werden. Bei einem Rombesuch hat die Reiseleiterin die Zahl der Taschendiebe mit einigen Hunderten angegeben. Zu Weihnachten werden sich nicht nur Hunderttausende von Gläubigen am Petersplatz einfinden, sondern auch Hunderte von Taschendieben. Irgendwo habe ich gehört und jetzt im Lexikon nachgeschlagen, dass auch die Taschendiebe einen Schutzheiligen haben. Es ist dies der Heilige Nikolaus von Myra.

Wir Alten, *alt* wie es früher für betagte Menschen gebraucht wurde, spüren besonders vor den Weihnachtsfeiertagen, dass die Zeit immer schneller vergeht. Im Wesentlichen ist es nicht die Zeit, welche altert, es ist unser Körper, welcher verfällt. Erschwerend kommt dazu, dass die Feste nicht mehr nach den Regeln aus der Jugendzeit ablaufen. Manche Utensilien, die zum weihnachtlichen Brauchtum gehörten, gibt es nicht mehr zum Kaufen. Die jüngere Generation setzt während der Feiertage auf tolle Aktionen. Uns Alten entkommt ein Stoßseufzer über die Hektik und den Stress in der Weihnachtszeit. Verbunden mit Übelkeit vom Konsumrausch und Kaufzwang. Wer in den Konsumtempeln der Draustadt in die Gesichter der vorbeieilenden Menschen schaut, wird dem hektischen, dem Wo-könnte-ich-das-finden-Blick begegnen. Ein Mythos hält sich über Jahrzehnte: Dass es kurz vor Weihnachten schneit. Bei den meisten Menschen keimt der Wunsch und die Hoffnung, dass das Fest der Feste friedlich abläuft. Durch den Klimawandel hat sich seit der Jahrtausendwende der Schnee und mit dem Schnee die Friedfertigkeit verflüchtigt. Beides ist durch die Erderwärmung dahingeschmolzen.

II

Eine der Erwartungen ist, dass sich das Gefühl der Freude im Inneren ausbreitet. Man wünscht sich, auf den Straßen nur strahlenden Gesichtern zu begegnen. Die *Kleinsten* werden schon im Spätherbst gefragt: Freust du dich auf das Christkind? Wirst du der Mama eine Freude machen und bis dahin brav sein? Vollgepackt mit dem Wort *Frohsinn* ist die christliche Liturgie in der Adventszeit. Sich freuen auf die Geburt Christi: „O Jubel, o Freud. Glückselige Zeit. Ein Kindlein geboren aus tausend auserkoren". Denke ich mir die Auswüchse der kirchlichen Institution weg, dann vermittelt mir Gott Glückseligkeit. Von dieser Fröhlichkeit ist in unseren

Breiten bei den Menschen wenig angekommen. Über unser Leben im Wohlstand herrscht nicht Zufriedenheit und Dankbarkeit, es beherrscht uns Angst und Hass. Nicht verwunderlich, wenn wir unsere Aufmerksamkeit auf unseren Körper, auf seine Mängel und Beschwerden, richten. Mut und Begeisterung ist das beste Doppingmittel, um etwas Neues zu beginnen, ohne ängstlich darüber nachzudenken, ob dies gelingen wird. Kann es sinnvoll sein, im Alter etwas Neues zu beginnen, wird die Zeit dafür reichen? Nicht die Zeit der immer zu kurzen Pensionstage, sondern die Lebenszeit.

Als Kind stand ich staunend vor einem Kellerfenster in Nußdorf. Das Fenster gewährte einen Blick in die Werkstatt eines Bastlers, die Nachbarn sagten, eines *Fliegerdamischen*. Er hatte mehrmals den Versuch unternommen, mit selbstkonstruierten Flugschwingen von Nußdorf nach Olsach zu gleiten. Alle Flugversuche endeten vorschnell auf dem harten Wiesenboden. Für uns Kinder war sein Hobbyraum ein lohnendes Ausflugsziel, dort führte er uns verschiedenes mechanisches Spielzeug und bewegliche Figuren vor. Ein neues Fluggerät, die sogenannte Drohne, beflügelt die Fantasie der Menschen. Sobald sie preislich erschwinglich wird, wird sie sich so schnell verbreiten wie das Handy. Es ist anzunehmen, dass in manchen Familien ein Drohnenbausatz unter dem Weihnachtsbaum liegen wird. Die Drohne wird zum liebsten Spielzeug der technikverliebten Menschen und bei nützlichen und unsinnigen Aktionen eingesetzt werden: So etwa könnte man einem Freund, vier Häuserblöcke weiter, mit Hilfe der Drohne eine Bohrmaschine zurückgeben; der Freundin im Nachbarort ein Stück vom selbst gebackenen Christstollen zum Kaffee servieren. Es wird um unseren Kopf so summen, als würden wir von einem wild gewordenen Bienenschwarm verfolgt. Vor kurzem hat die *Kleine Zeitung* berichtet, in Velden am Wörthersee wäre eine Frau um Haaresbreite ein Unfallopfer einer fehlgesteuerten Drohne geworden. Die Drohne ist außer Kontrolle geraten und hätte besagte Frau beim Wäscheaufhängen fast am Kopf getroffen. Das Optimale für die Zukunft wird sein, wenn jeder, der es möchte, zu einer *fliegenden Drohne* wird. Ist es Zufall, dass Red Bull mit dem Slogan *Red Bull verleiht Flügel* einen Umsatzrekord erreichte? Schlummert im Menschen immer noch die Sehnsucht zu fliegen wie ein Vogel?

Die Babys wurden in den sechziger Jahren nach dem Füttern und dem Trockenlegen *eingefascht*. Mit Stoffwindeln wurden die Beine und der Oberkörper umwickelt, es blieben nur die Hände frei. Die Säuglinge hatten das Aussehen einer Mumie. Während die Eltern und die Geschwister bei der Heuernte waren, musste ich auf meinen vier Monate alten Bruder aufpassen. Nach dem Füttern und Wickeln zu Mittag schlief er bis in den späten Nachmittag. Vor dem Aufwachen wurde er unruhig, fing an zu greinen und beim Raunzen verzog er das Gesicht. Er bewegte die Hände und versuchte es auch mit den Füßen.

Nach dem Entfernen der Windeln strampelte er heftig mit den Beinen, beruhigte sich und fing zum Lachen an. Wahrscheinlich war ich als Baby in einer ähnlichen Lage. Heute gelten solche Erfahrungen als Kindheitstrauma. Vergleichbare Umstände gibt es bei einer Kneippkur, bei bestimmten Anwendungen stößt man auf sein Kindheitstrauma. Bei manchen Therapien wehre ich mich gegen das *Einfaschen*. Die Moorpackungen für die Hüfte, die Lenden und den Rücken werden mit Leintüchern fixiert. Wurde es mir dabei zu eng, verlangte ich, dass meine Extremitäten im Freien bleiben. Kein Widerspruch war erlaubt, wurde ich um fünf Uhr morgens aus dem Bett geholt und der Oberkörper zur Stärkung des Immunsystems mit einem nasskalten Frotteehandschuh abgerieben. Dabei gab es keinerlei Nachsicht. Überfallsartig wurde danach ein kalter Salzwickel zur Entgiftung der Leber aufgebracht. Nach den Anwendungen wurde ich im Bett mit Tüchern *eingefascht*. Spreche ich mit Freunden darüber, was sich in den letzten Jahrzehnten geändert hat, dann wird zumeist der technische und medizinische Fortschritt erwähnt und wie sich in unserer Gegend der Wohlstand ausgebreitet hat. Die heutigen Babys erscheinen uns lebendiger und interessierter als in unserer Jugend. Diese Lebendigkeit haben sich die Babys selbst *erstrampelt*, eine Revolution im Kinderwagen. Als Baby führte man dazumal ein eingeschränktes Leben, viel freier geht es heute in der Babypflege zu. Diese Veränderungen lassen uns den gegenwärtigen Alltag gegen früher anders vorkommen.

„*Süßer die Glocken nie klingen als zu der Weihnachtszeit, s'ist, als ob Engelein singen, wieder von Frieden und Freud.*" Die meisten Erwachsenen kennen dieses Weihnachtslied noch oder haben es in den letzten Wochen einmal gehört. Je nach Stimmungslage sich dabei an ihre Kindheit erinnert oder das Lied als Kitsch abgeschüttelt. Für den Handel gibt es eine Abwandlung des Liedtextes: *Süßer die Kassen nie klingeln als zu der Weihnachtszeit.* Auf dieses Klingeln, und dass dabei kein Ton verloren geht, legt ab 1. Jänner der Finanzminister bei den Handels- und Gewerbetreibenden großen Wert. Mit Beginn des neuen Jahres tritt in Österreich die so genannte *Registrierkassenpflicht* in Kraft. Jedem Kunden, egal ob dieser um zehn Cent oder um zehn Euro einkauft, muss ein Kassenbon ausgehändigt werden. Der Käufer muss den Kassenbon vor dem Geschäft bei einer Kontrolle vorweisen können. Ansonsten gibt es gleich zwei Straftäter, den Unternehmer und den Kunden. Der Obmann der Wirtschaftskammer beschwerte sich über die Einführung der Registrierkassenpflicht. Diese Verordnung erweckt den Eindruck, dass die Unternehmer generell Steuern hinterziehen. Welchen Aufschrei gäbe es in den Medien, würde man die Asylbewerber unter Generalverdacht setzen, dass sie gewalttätig werden. Die Registrierkassenpflicht wird in Folge noch verschärft, alle Kassen müssen über eine technische Sicherheitseinrichtung verfügen. Es wird gerade so, als würde das Geschäft durch das Finanzministerium videoüberwacht. Vor zwei Wochen überbrückten wir in Klagenfurt die Wartezeit vor einer Lesung in einem Café. Das nächstgelegene Café befand sich im Eingangsbereich des Wirtschaftsförderungsinstituts, kurz Wifi genannt. Beim Eintreten wurden wir von der Empfangsdame sofort kontaktiert, dass die Informationsveranstaltung zur Registrierkassenpflicht wegen des großen Interesses vom Wifi in das Konzerthaus verlegt werden musste. Dort trifft das Weihnachtslied *Süßer die Glocken nie klingen als zu der Weihnachtszeit* auf den Leitspruch der Händler: *Süßer die Kassen nie klingeln als zu der Weihnachtszeit.*

II

In den nächsten Wochen wird die EU-Führung weiter darüber diskutieren: Sollen die Flüchtlinge bereits in der Türkei oder in Griechenland einer Auslese unterzogen werden? Dort eine Unterscheidung zwischen Kriegsflüchtlingen und Wirtschaftsflüchtlingen treffen, so wie es immer angekündigt wurde? Abseits der Diskussion um die Kontrolle der Flüchtlingsströme und wo sie für eine Nacht untergebracht werden, gibt es so etwas wie Normalität, andere Seiten des gesellschaftlichen Lebens. Neben den sich möglichst oft in Szene setzenden *Gutmenschen* gibt es die Beschäftigten und die Unternehmer in diesem Land. Dessen Fleiß macht es möglich, dass die Flüchtlinge mit Essen, Decken und Unterkünften versorgt werden können. Würden die Arbeitnehmer und die Arbeitgeber nicht regelmäßig ihre Steuern abliefern, könnte sich unsere Regierungsspitze nicht mit einem Lächeln vor die TV-Kameras stellen und sagen: „Wir schaffen es.“

Beim Flanieren in Wien stößt man auf dem Gemüsemarkt und in der Fußgängerzone immer wieder auf Straßenmusikanten und Bettler. Sie versuchen, wie in anderen europäischen Großstädten, von den Marktbesuchern, den vorbeieilenden Touristen und den Stadtbewohnern ein Almosen zu erhalten. Die Bettler hocken zumeist auf einer Decke am Boden, die Ärmeren auf einem Stück altem Karton. Neben sich ein Rucksack und eine Einkaufstüte, wo sich ihre Habseligkeiten befinden. Mir ist in den letzten Jahren aufgefallen, dass zumeist ein Hund mit eingezogenem Kopf und Schweif neben ihnen ruht. Daneben ein Futternapf mit Tierfutter und eine Wasserschale. Der Hund wirkt als Hingucker und erregt zumeist größeres Mitleid als der bettelnde Besitzer. Unter den Bettlern und Straßenmusikanten hat es sich herumgesprochen, ein unterversorgtes Tier rührt mehr an die Herzen der Menschen als ein hilfsbedürftiger Mensch. Auf einem Stück Karton wird um eine Spende für den Kauf von Tiernahrung geworben. Die Geldspenden werden sich wohl das *Herrl* und der Hund teilen. Das Betteln im *Doppelpack* hat seinen Ursprung in London. Dort hat der Straßengeiger James Bowen zusammen mit seinem Kater Bob musiziert und überregionale Bekanntheit erlangt. Gemeinsam sind sie bei einer U-Bahn-Station aufgetreten und haben die Gabenfreude der Passanten mobilisiert. James Bowen hat über seine Erlebnisse auf der Straße einige Bücher veröffentlicht. Unter anderem *Ein Geschenk von Bob*. Die Bücher wurden zu Bestsellern und ein Buch wurde auch verfilmt. Inzwischen dürfte James Bowen mit seinem Kater Bob das Obdachlosenheim verlassen haben. Er wird nicht mehr bei jedem Wetter als Straßenmusiker auf der Straße stehen. Diese Erfolgsgeschichte dürfte die Ursache dafür sein, dass viele Vagabunden einen Hund bei sich haben, wenn sie auf den Marktplätzen musizieren und betteln.

Unter der Zerstreuungsmaschinerie, welche in der stillsten Zeit nichts an Lautstärke einbüßt, leiden die christlichen Kirchen. Die Amüsiergesellschaft hat sich im Alltag durchgesetzt. So erwarten sich diejenigen, welche der Glaubensgemeinschaft nahestehen, Vergleichbares im Pfarrleben. Kommen wir mit falschen Erwartungen zu kirchlichen Veranstaltungen und zum Gottesdienst? Obwohl die Annahme, dass während der Wandlung das Brot in Christi Fleisch und der Wein in Christi Blut verwandelt werden, nicht zu überbieten, kaum noch zu toppen ist. So kann man beobachten, dass zu den hohen christlichen Feiertagen wie Weihnachten, Ostern, bei den Kirchweihfesten und Pfarrfesten die Anteilnahme der Bevölkerung zufriedenstellend ist. Hierbei lässt man sich gerne von der festlichen Musik, dem Gesang und dem Geruch von Weihrauch mitreißen, in eine feierliche Stimmung versetzen. Wer eine Christmette in einem Dom erlebt hat, weiß um die Faszination der Musik und der liturgischen Handlungen. In einzelnen Klosterkirchen, wie der Sebastiankirche in Salzburg, wird die Christmette im lateinischen Ritus gefeiert. Fast alle liturgischen Texte werden gesungen, und die Zelebranten mit Weihrauch besprengt. Eine Fülle von kirchlichen Festen zielt darauf ab, das Wort

Gottes in begreifbare Rituale zu übersetzen. Kaum jemand entkommt den lebensbegleitenden Riten wie Taufe, Firmung und Hochzeit, je nachdem, welcher religiösen Gemeinschaft er angehört. Fast könnte man sagen, die christlichen Kirchen haben ein Monopol auf die Begräbniszeremonien.

Zwischen den Fahrbahnen befindet sich ein Grünstreifen in der Breite eines Gehsteiges, bepflanzt mit hochstämmigen Palmen und dazwischen Buchsbäumchen in Kegelform. Gehe ich die Straße in Portoroz entlang, haben die Buchsbäumchen für mich die Form eines Christbaumes. So verändert die Jahreszeit meine Wahrnehmung. Die Türen zum Spielcasino sind am 24. Dezember geöffnet und einzelne Besucher in der Halle zu erkennen. Welches Glück erwartet sie am Heiligen Abend? Die menschliche Wärme bleibt aus, so hofft man auf die heimelige Atmosphäre des Spielcasinos. Wie viel Kindheits-erinnerungen braucht es zu Weihnachten, welche Sehnsüchte werden in uns wach? Als Alpenbewohner weisen wir gerne darauf hin, dass es früher zu Weihnachten immens Schnee gegeben hat. Immer, darin sind sich alle einig. Dabei denkt man an kniehohen Schnee und nicht an eine fünf Zentimeter hohe Schneedecke, wie wir es heute im Villacher Becken erleben. Vielleicht verschenkt die *Weihnachtsfrau* hinter dem Casinotresen einen tieferen Blick als sonst. In diesem langgezogenen Blick findet man etwas, dass man sich sehnlichst gewünscht hat, ein wenig An-

teilnahme. Dabei werden Weihnachtswünsche wahr, süßer die Glocken nie klingen. Ist es Zufälligkeit, wenn sich
Singles schneller und intensiver während der Weihnachtszeit verlieben? Diese Wochen gehören zu den sen-
sibelsten des Jahres.

II

Schlendere ich zu den Weihnachtsfeiertagen am Riviera
Casino vorbei, dann blinkt und glitzert es in allen Farben.
Künstliches Feuer lodert rechts und links vom Eingang
empor. Die Bilder an der Fassade, Feuer, Eis, Sonne und
Mond, wechseln in schneller Folge. Vor Silvester werden
die Bilder von den Wünschen, *Viel Glück und ein gutes neues
Jahr*, in allen Sprachen abgelöst. Zum Image eines Casi-
nos passen diese Wünsche, ist es doch ein materialisierter
Glückstempel. Alle, die auf das Casino zustreben, erhof-
fen sich viel Glück beim Spielen. Mit Geld wird das
Glück käuflich. Wer hat nicht schon davon geträumt,
glücklich zu sein wie die Reichen. In der Silvesternacht
hofft man, mehr Glück beim Spielen zu haben als an anderen Tagen. Am Neujahrstag vermögend aufzuwachen
und nicht mit einem Silvesterkater. Nicht mehr derselbe
arme Hascher zu sein wie vor Silvester. Für Betriebe in
der Unterhaltungsindustrie ist das Weihnachtsfest ein
Stolperstein auf dem Weg zu den Silvesterpartys. Weihnachten – ein *Stolperstein*, der an das Gewissen appelliert
und für andere ein Stolperstein, der auf den nahenden
Jahreswechsel hinweist.

Vor dem Jahreswechsel ertappen sich viele dabei, dass sie einen Blick auf den neuen Kalender werfen und dabei nach den Feiertagen Ausschau halten. In welchem Monat wird im nächsten Jahr Ostern gefeiert? Auf welchen Wochentag fällt der 1. Mai und der 26. Oktober, beide Tage sind in Österreich gesetzliche Feiertage. Soll man für das Wochenende zu Christi Himmelfahrt oder Fronleichnam einen Kurzurlaub an der Oberen Adria einplanen? Gute Ratschläge, um die *Fenstertage* optimal zu nützen, gibt es zu Jahresbeginn in der Regionalzeitung. Manche schielen schon zu Ende des Jahres nach den nächsten Weihnachtsfeiertagen. Lässt sich zu dieser Zeit, unter Einbeziehung von ein paar Tagen Zeitausgleich, vierzehn Tage lang Urlaub machen? Diese Planspiele sind für die arbeitende Bevölkerung, in kleinem Rahmen auch für die Schüler spannend. Die Inhaber kleiner Handelsgeschäfte müssen entscheiden, ob sie an einem *Fenstertag* geschlossen halten werden oder nicht. Letzten Endes wird man sich dazu entschließen das Geschäft aufzusperren, weil man die üble Nachrede fürchtet: *Hat er es nicht notwendig, zwischen den Feiertagen offenzuhalten, wohl schon genug verdient? Klappt es hier im Ort mit dem Einkaufen nicht, dann fahren wir in Zukunft gleich in die Stadt.* Dieser Satz, *dann fahren wir in Zukunft gleich in die Stadt*, hängt wie ein Damoklesschwert über den kleinen Handelsbetrieben im Umland der Draustadt. So, als ob in der Stadt alles besser und günstiger wäre, von freundlicher nicht zu reden. In den Megamärkten der Stadt sind die Menschen aus den Umlandgemeinden ein namenloser Brei. Bei dem Versuch, eine Information zu bekommen, trifft man auf gestresste und rastlos beschäftigte Verkäufer. Für sie ist jede Frage nur ein Hindernis, dass sie beim Nachfüllen der Waren bremst. Zuvorkommenheit, keine Ahnung. Eine Ausnahme bilden die kleinen Nahverkehrsläden in den Stadtvierteln. Dort reagieren die Verkäuferinnen auf Kunden, welche bei ihnen öfters einkaufen, mit einem Lächeln auf den Lippen. In ländlichen Gegenden ist für den Verkäufer der Kunde eine Persönlichkeit, mit einem menschlichen Hintergrund. Während des Verkaufsgesprächs werden verschiedene Vorkommnisse ausgetauscht. Der kleine Händler erlebt die Wertschätzung einzelner Kunden, wenn sie nicht wegen jeder Kleinigkeit in die Stadt fahren.

Zeitfracht Medien GmbH
Ferdinand-Jühlke-Straße 7
99095 Erfurt, Deutschland
produktsicherheit@kolibri360.de